芦津华

著

不忘初心

一个教师的教学实践与感悟

中国书籍出版社

China Book Press

图书在版编目（CIP）数据

不忘初心：一个教师的教学实践与感悟 / 芦津华著 .
— 北京：中国书籍出版社，2019.4

ISBN 978-7-5068-7254-6

Ⅰ．①不… Ⅱ．①芦… Ⅲ．①教育工作－文集 Ⅳ．
① G4-53

中国版本图书馆 CIP 数据核字（2019）第 054891 号

不忘初心：一个教师的教学实践与感悟

芦津华　著

图书策划	成晓春　崔付建	
责任编辑	邹　浩	
责任印制	孙马飞　马　芝	
出版发行	中国书籍出版社	
地　　址	北京市丰台区三路居路 97 号（邮编：100073）	
电　　话	（010）52257143（总编室）　（010）52257140（发行部）	
电子邮箱	eo@chinabp.com.cn	
经　　销	全国新华书店	
印　　刷	三河市华东印刷有限公司	
开　　本	710 毫米 ×1000 毫米　1/16	
字　　数	200 千字	
印　　张	12.5	
版　　次	2019 年 4 月第 1 版　　2021 年 1 月第 2 次印刷	
书　　号	ISBN 978-7-5068-7254-6	
定　　价	36.00 元	

序言：生命因奋斗而精彩

又是一年芳草绿。在领导和亲朋好友的关心支持下，我爱人芦津华女士的文集终于正式出版发行了，内心充盈着感动。书中的每一堂课我都是第一位听众，每一篇文章我都是第一个读者。再读、再品、再思，我心潮澎湃，感慨良多。

世界因生命而美丽，生命因梦想而精彩。冰心曾说过："成功的花，人们只惊慕于它现时的明艳！然而当初它的芽儿，却是浸透了奋斗的泪泉，洒遍了牺牲的血雨。"本书是她十几年学习、思考、教学、实践、领悟和探索的总结，更是她心血和汗水的结晶。她调研的足迹遍布企业、乡镇、村居，她宣讲的听众包括党政干部、机关职员、工人农民、学校师生。为了使不同的群体都爱听、听懂、有收获，同一个选题她都会变换不同的形式，精选不同案例，千雕万琢，力争做到"接地气""冒热气"。

她常对我说：一生之中，有一个懂你的人便是最大的幸福。懂你，是了解你背后的艰辛，是清楚你有什么样的精神追求。津华出自耕读之家，受过良好的教育，流畅的文笔像山间涓涓的清泉，从心底带出对事业深深的热爱；日常的工作记录恰似溪流般隽永，将细腻的情愫冲拌进去，让人感受到她对家庭、对生活、对工作的浓情厚意。虽然她的文字不能"笔落惊风雨，诗成泣鬼神"，但我坚信，只要有纯真的童心、梦想和激情相伴，就可以从笔底流淌出使人眼睛发光的文句。

生命因追求而美丽，人生因奋斗而精彩。2018年底，津华被评为"渤海英才·滨州市十佳专业技术带头人",在她的职业生涯中迈出了坚实的一步。我担任中学校长二十多年,对教师的专业成长过程有深切的体会和感受。教师专业发展涵盖了专业知识的发展、专业技能的娴熟和专业情意的健全。一位教师,如果仅仅以普通职业的视野来看待自己的教育教学工作,其工作过程是应景性的,工作思考是浅表性的,工作标准是随意性的。每位教师都要以对事业的执着追求来对待自己的工作,工作的过程要精益求精,工作的方式要不断创新,工作的标准要与日俱进。教育不仅是知识的传播,而且是思想与思想的交流,情感与情感的沟通,生命与生命的对话。从教育新手变为成熟教师的过程相对容易,而从成熟教师成长为教育专家的过程却十分艰辛。一个教育专家,要有自己的教育思想,有对教育理想的不懈追求,和丰富的教育实践,而且必须是人性丰富、人格完善、人品高尚的人。从这个意义上讲,津华还有很长的路要走。愿以此与津华和立志献身教育事业的读者共勉。

正如本书责任编辑总结的那样,她"以一颗教育工匠的心,打磨着每一堂课,力求把课打造成精品"。干部教育培训和普通教育在教育的本源上是相通的,本书来自工作实践、来自学习思考,把一些原生态的东西提供给读者,相信它对广大社会科学工作者、理论爱好者、教育工作者和干部群众都大有裨益,对青少年学生,也可成为励志的启迪和益智的思想借鉴。

是为序!

岳金辉

2019 年 3 月 28 日

目录 \ contents
不忘初心

第二部分

教学艺术篇

第三部分

调查研究篇

第四部分

教学讲稿篇

第一部分

理论探讨及评论篇

>>>>>

县级党校教师职业倦怠探究

美国心理学家弗鲁登伯格（H．J．Frendenberger）于20世纪70年代提出职业倦怠以来，该现象逐渐成为职业健康心理学的研究重点，在教育行业尤为突出。但以往的研究多集中于中小学教师和高校教师这些群体，对县级党校教师这个群体则较少关注。随着党校教育改革进一步深化，县级党校培训职能弱化、教师队伍工资待遇有所降低，社会地位呈现出边缘化态势，该群体职业压力随之增大，出现了不同程度的职业倦怠，这一问题应该引起社会各层面的高度重视。笔者试图把研究视角伸向县级党校教师这个群体，探究县级党校教师职业倦怠的表现、成因及干预对策。

一、县级党校教师职业倦怠的表现

虽然县级党校教师已经产生了职业倦怠问题，但问题并不严重，以短期的、可恢复的一级倦怠最为多见，其次是比较固定、持久、不易克服的二级倦怠，以弥散的、剧烈的、难以处理的三级倦怠最为少见。职业倦怠大致表现在以下几方面：

1. 才智枯竭

主要表现为教师产生脑子被掏空的感觉，总觉得自己的知识不够用，没办法满足教学科研工作的需要，而且看到新科学、新知识、新观念、新技能层出不穷，内心感到惶恐不安。常感到思维效率下降，注意力不集中，乃至教学科研工作热情减退，丧失理想，缺乏动机。

2. 情绪衰竭

主要变现为教师认为自己所有的教学和科研热情和情感资源已经耗尽，对工作缺乏冲劲和动力，对学员的要求置之不理，不愿关心他人。表现出许多负面情绪和消极行为，比如烦躁、易怒，对人冷漠、麻木、没有爱心，甚至沮丧、抑郁、无助、无望，直至消沉等。

3. 成就感衰落

主要表现为教师个体的成就感下降，同时自我效能感、自我评价也在降低，崇高感丧失，觉得工作没意思，在教学科研工作中不敢迎接挑战，工作变得非常机械化，不但不思进取，得过且过，消极懈怠，而且常有离职或转行意向。

4. 去人性化

主要表现为教师以一种消极的态度和情感去对待自己周围的人，甚至是自己非常亲近的人。逃避与同事交往或拒绝与其合作，对他人言行过度反应，导致人际关系紧张。

5. 人格矛盾

主要表现为教师理性人格和现实人格的落差及冲突，既有超越社会世俗、超越名利物欲、超越个体自我，追求真理，忠诚于党的追求，又有追求实效、追求利益最大化、看风使舵、随波逐流的现实人格。

二、县级党校教师职业倦怠的成因

职业倦怠不是对某一特定事件的即时反应，而是在较长一段时期里，对工作中所遇到的压力，在情绪上产生的一种低强度递进的反应过程。结合当前县级党校教师的具体情况来看，导致教师出现职业倦怠的主要原因有：

1. 社会原因

近几年，各省先后进行工资改革，各地县级党校教师不再与中小学教师一样享受10%教护工资，县级党校教师工资待遇降低。另外，尽管《党校工作条例》《2010-2020年干部教育培训纲要》先后颁布实施，但县级党校培训功能弱化、社会地位边缘化、师资水平良莠不齐的现状并未根本改观，所以县级党校教师的社会认可、赞许、尊重、支持程度有下降趋势。这些使他们难以产生内在的职业认同感、自豪感，缺乏稳定的、积极的工作动机，一部分索性离开教师岗位去开辟新天地，还有一部分则陷入观望和彷徨，心头笼罩着种种不安与躁动，这种状况长期得不到缓解，倦怠心理自然产生。

2. 组织原因

当前，各地县级党校均实行科层制组织结构，并对人事和工资进行分类管理，这使得大多数教师在组织结构中实际处于被管理的地位，教师的专业角色自主性和决策参与度低，许多利益诉求得不到满足。这种组织结构还使管理常常充满行政色彩，教师受到较多束缚和管制，上下沟通不畅，教师的合理建议与意见难以被采纳。另外，由于管理的人为化程度高，工作透明度低，为资源分配、评优评先等不公平现象提供了滋生空间，易造成教师的不满和无奈。置身于这种人文化和民主化缺失的工作环境中，压抑感和不满情绪潜滋暗长，最容易导致职业倦怠的产生。

尽管各省县级党校按照人事部门的规定对教师实行"评聘分开"制度，但实施过程中，这种制度出现教条化、刻板化倾向，不仅专业技术职务能上不能下，职务晋升内部论资排辈，缺乏外部的竞争压力等现状仍未改观，而且许多年轻教师受本单位专业技术职务聘任指标数的限制，不能自主申报专业技术资格。教师专业技术职务事实上的终身制及退出机制的缺乏，导致许多自身素质好、教学水平高的年轻教师有责无岗、有责无薪，得不到应有的待遇，这种情况常会引发他们产生潜抑、否定、反向、转移等消极的心理防御机制，工作积极性及职业情感投入下降，职业动机弱化。

3. 个人原因

即使在同样的环境下，不同个体的心理反应也会有所不同。所以教师个体的人格特征与职业倦怠有紧密的联系。研究表明，内控的人一向认为命运掌握在自己手中，只要经过努力就能克服困难解决问题。但县级党校教师的发展，除受个人业务能力影响外，还常受不可控的外在因素的约束，奖励机制的不足、晋升机制不规范，常使他们进入职业成熟期后，立即面临"玻璃天花板"障碍，所以，内控型教师比外控型教师更容易出现职业倦怠。此外，成就动机强烈、凡事追求完美而现实中又缺乏工作资源的人更容易感到倦怠。

另外，如果教师个体情绪稳定性、经验开放性、坚韧性、责任感等人格因素水平较低，又具有某些不良的人格特征，如不现实的理想和期望、较低的自我价值与判断、对自己的优缺点缺乏准确认识和客观评价等，在职业发展中更容易缺乏适当的应对策略，对环境失去控制感，感到身心疲惫，对职业失望懈怠。

4. 职业原因

就角色职责而言，党校教师理应具有更坚定的党性，属于社会提倡的价值模范，且被作为一种价值传播的工具。但就个体而言，商品市场经济的冲击、社会地位的边缘化、官本位意识的渗透使许多县级党校教师的价值观念呈现多元化态势。

受编制的限制，县级党校师资数量有限，教师不但要承担教学科研工作，而且要承担一些机关事务工作，在专业能力上难以向"纵深"发展。20世纪末，各地县级党校开始承办本省省委党校的业余函授教育班次，县级党校教师承担了这些班次多种专业课程的教学工作，由于这些班次专业性强，大多数教师缺乏与之相关的专业学习经历和知识储备，驾驭相关课程的能力不足，加之许多学员对业余学习只关注学历文凭忽视知识水平，导致县级党校教师缺乏成就感和职业效能感，容易陷入心理和情绪疲劳，直接加重了职业倦怠。

另外，教学内容变化之快，要求党校教师的讲课，必须紧紧跟上党的理论、政策、工作部署的变化，教学内容、教学专题必须常讲常新，随时变化，"吃老本"绝对适应不了时代需要和学员需求。

三、关于县级党校教师职业倦怠干预对策的建议

县级党校教师的职业倦怠不仅仅是一种个体现象，同时也是一种与社会、组织、工作特征有关的社会现象，因此，需要从优化职业环境、加强组织干预和积极进行自我防御等多方面采取对策，才能收到较满意的效果。

1. 优化社会环境是前提

营造良好的办学氛围。坚持党委办党校，加强舆论宣传和引导，形成有利于党校科学发展的良好氛围。协调组织人事部门积极支持党校做好人才培养、引进工作，拓宽"入口"，畅通"出口"，为党校队伍建设创造条件。协调其他各相关部门要密切配合，支持党校各项工作开展。

加大办学保障力度。按照《中国共产党党校工作条例》规定，将党校工作所需经费，列入政府年度财政预算，并随着财政收入的增长而逐步增加，确保党校人员经费、办公经费和干部培训经费，确保党校教学、科研、学科建设以及行政后勤等各方面工作的需要。

落实县级党校教师的有关待遇。根据《党校工作条例》，出台配套文件，为县级党校教师的与中小学教师一样的10%教护工资提供依据。

建立党校干部交流制度。把党校教师的交流纳入县委和组织人事部门整个干部交流工作统筹安排，进一步增强党校教师队伍的活力；重视对党校中青年后备教师的教育培养和提拔任用。

2. 组织干预是关键

构建刚柔相济的综合管理模式，优化职业生态。首先，要夯实刚性管理的基础。在广泛征求教师意见的基础上，完善各种规章制度，凭借制度约束、纪律监督、奖惩规则等手段加强对教师的管理，以效率和实绩为评价标准，实现教师管理的规范化、科学化、制度化，以形成制度面前人人平等的良好局面。其次要坚持以人为本原则，对教师进行柔性化管理。以平等、民主、公开的管理方式替代管制、指示、命令等方式，从心灵深处来激发每个教师的内在动机，使他们能真正做到心情舒畅、不遗余力地为干部教育事业开拓进取。

完善监督考核和激励机制，创造成功机会。根据教师岗位职责确定岗位职责标准和考核评价指标，积极改进考核方式，不断完善考核办法和程序，采取"述、评、谈、征、听、看、比"的综合考核办法，对教学科研能力及工作数量和质量进行公正评比考核，严格落实"评聘分开"制度，坚持择优上岗，激活干劲，让能力突出的教师在比较中获得成就感。

实施积极的心理干预，构建灵敏准确的反应模式。实行评估、干预、教育、宣传相结合，为教师提供心理健康服务；创设机会进行职业倦怠心理监测和预报，对个体及群体性职业倦怠进行预警；利用心理咨询中心等社会机构联合形成职业倦怠干预支持网络。根据个体对事件的不同反应采取不同的干预方法，如积极处理急性应激反应，开展心理疏导、支持性心理治疗、认知放松训练、晤谈技术等，以改善焦虑、抑郁和恐惧等负面情绪。

3. 自我防御是根本

正视个人和环境，合理调整期望值。县级党校教师要把眼光放长远，不斤斤计较眼前的职位、薪酬、福利、社会地位等，更要关注经验、技能、声望、信誉、人脉等资源积累问题，岗位的能力发展与锻炼的机会，这是减少职业倦怠的重要途径。同时要正视自己的真实水平和所拥有的现实条件，只有肯定自己和尊重自己的优点，坦诚地接受自己的缺点和不足，冷静理智地分析自己拥有的现实条件，才能从实际出发，确定恰当的发展目标，避免因发展目标不切合实际而产生挫败感。

进行积极归因，增强自我效能感。根据成败归因理论，当成功时多作稳定归因，而失败时多作不稳定归因，才有利于个体保持积极的行为动力。如果总是将失败归因于一时较难改变的能力缺乏，个体可能就不会努力去尝试解决类似的问题了。许多教师的自我效能感降低就是在失败情境下因不适当的归因而产生的。心理学研究表明，积极归因能有效增强自我效能感，这种能够调动工作学习积极性的归因方式能有效克服习得性无助，对消除职业倦怠大有裨益。

强化积极体验，提高职业满意度。心理学研究证明，积极体验具有构建和增强个人资源的功能，这种功能促使个体充分发挥主观能动性，提高认知灵活性，这对消解负面情绪、提高职业满意度具有积极作用。事实也证明，体验到的积极情绪越多，职业倦怠感越低。所以，淡化消极体验的同时捕捉和强化积极体验，也是消除职业倦怠的重要途径之一。

整合个体人格因素。塑造健康人格。县级党校教师可以在充分培养对本职工作的兴趣的基础上，整合自身人格特征中各种积极因素。比如外倾性因素所具有的乐观、主动等点，情绪稳定性因素所具有的反应轻微、善于自控等特点，精神特质因素中具有的灵活、温和等特点等，使之相互渗透、严密组合、协调统一，从而塑造健康人格。这既有助于及时疏通内心的压力，也能够有效提升自己的人际吸引力，从而有效减轻职业倦怠程度。

（发表于《滨州发展论坛》2011年第1期）

以信息化建设促进党校教育现代化

当今世界，信息化浪潮以其巨大的渗透力，使党校干部教育培训工作发生着广泛而深刻的变革。推进信息化建设，成为实现党校教育现代化、提高党校教学科研质量的重要途径。《中共中央关于面向 21 世纪加强和改进党校工作的决定》指出："加强党校教学设备和教学手段的现代化建设，包括积极推进各级党校信息化建设，逐步在全国党校系统建成远程教学体系"。《党校工作条例》也进一步指出："党校信息化建设是实现教育现代化、提高教学科研质量的重要手段。各级党校应大力加强和推进信息化建设。"因此，对党校信息化建设问题进行深入研究，使信息技术更好地服务于党校教育，具有重要的现实意义。

一、信息化建设在促进党校教育现代化中的作用

1. 信息化建设是党校教育现代化的突破口

信息化具有突破时空界限和信息高速流动的巨大优势，其突出标志是共享优质教育资源和带动跨越式发展。它的建设有利于党校整合社会资源，扩大培训范围，延伸培训链条。具体来说就是可以整合各级党校、行政学院、高校、科研院所等权威学术机构和部委的教育资源，实现教育资源共享。实践证明，信息化建设改善了各级党校整体办学条件，带动了党校建设的全方位发展，它是新世纪实现党校教育培训现代化的最关键因素。要实现党校教育现代化，必

须以信息化建设作为突破口。

2. 信息化建设是推进党校教育教育改革的重要支撑

信息化建设可以使党校教育突破时空、地域等限制，通过虚拟现实、网络协同等形式，改变原来只有在教室内接受教育和培训的传统教育方式，拓宽了培训范围，为干部自主选学提供了方便、快捷、实用的学习途径。教师可以充分利用网络的优势，广泛搜集信息，编写出内容更加丰富的教案，利用网络情境和虚拟现实的功能，使教学形式更加直观、灵活、新颖、多样，充分发挥网络教学具有交互性、情境化和共享性的优势，更加充分地调动学员的积极性、主动性和创造性，从而提高教学效果。因此，信息化建设不仅为丰富教学内容、改进教学方法、更新教学手段、提高教学水平提供了技术支撑，而且成为推动党校教育改革的重要因素。

3. 信息化建设是提高党校教育质量的重要保障

信息化的深入发展，不仅迅速改变着党校广大师生信息获取的方式、渠道和速度，也深刻地改变了教与学的方式和学校管理方式，并对教育思想、教育观念、评价体系和教育质量产生非常深刻的影响。进入新世纪，各级党校从自己的实际出发，逐渐确立起与现代党校教育相适应的、融入现代教育技术理念的管理思想，并借鉴现代管理科学的有效成分，实现了学校管理方法的现代化，同时加快了利用现代教育技术辅助学校管理的步伐。党校管理理念、方法和手段的现代化，为切实提高党校干部教育培训质量，实现党校教育现代化提供了坚实基础。

二、二十一世纪以来全国党校信息化建设的成效

二十一世纪以来，以建设中央党校远程教学系统为契机，从中央到地方，各级党校信息化建设从小到大、从弱到强，实现了跨越式发展，取得了丰硕成果，为提高党校的现代化办学水平和教学科研质量发挥了积极作用。

1. "纵""横"交错的信息网络体系已具雏形

党校系统由中央、省、市、县四级单位组成，每一级党校接受上级党校的业务指导，这种自上而下的办学机制要求信息化建设形成一个大的系统建设，

要有总体规划,不能各自为政。进入新世纪以来,各级党校加快信息化建设步伐,由中央党校远程教学网络中心和地方党校网站组成的远程教学网络初具规模,各地校园网络建设及数字图书馆资源建设工作迅速推进,这种上下联动的信息化系统已初具规模。另外,党校作为党委的一个重要部门,信息化建设往往需要得到当地政府的资金和硬件支持。目前,许多党校为更好地开展电子政务和发挥干部培训主阵地作用,与当地党委政府建立了内网高速互联。随着全国农村党员干部远程教育系统的建立,大量理论教育方面的课件制作任务责无旁贷地交给党校,党校系统的信息化建设加大了与当地党政部门的联系。因此,一个以党校为中心,"纵"(中央—省—市—县区四级)"横"(党校—当地党委、政府)交错,资源共享、统一开放的信息网络体系初步形成。

2. 党校干部教育产生了革命性变化

信息化建设的发展,使党校的教育形式、教育内容、教育手段、教育模式和教育理念都产生了革命性变化。"信息化是有效提高党校教学科研和管理水平现代化的手段,是党校工作格局的重要组成部分"这种理念已经深入人心,各级党校均把信息化建设纳入自己的工作格局,用信息化、数字化的教学科研设施、设备武装党校,已经成为全国各级党校的自觉行动,一个以信息化为支撑的新教学布局逐渐形成;"一块黑板、一篇讲稿、一杯开水、一支粉笔"的授课方式被图片、动画、视频、音频等多媒体方式所替代,教学内容突破时空限制走向丰富与生动,增强了学员学习的直观感和新鲜感,提高了他们的学习兴趣,增强了他们学习的自觉性和主动性,大大提高了教学效果;体验式、研究式、菜单式等各种新的教学模式频频出现,每个人都可以运用自己喜欢的方式方法学到自己喜欢的内容,干部教育工学矛盾有效解决,学员的个性化学习需求得到空前的满足,因材施教这项古老的教学原则被注入了信息化的新内涵。信息化建设已成为新世纪党校教育事业发展的新亮点,它在党校办学中的作用越来越突出。

3. 信息化建设管理体制基本形成

党校的信息化搞得好不好,在很大程度上取决于体制与机制的改革与创新力度。随着信息化建设的长足进展,各级党校结合自身实际,建立起信息化建设和管理的专门机构，明确了信息化建设和管理的工作职责，实现了信息化建设和管理机构的专业化。这些机构不仅培养起信息化维护、使用、制作和管理的骨干，而且制定了具有自己特色的校园网、远程教学站、计算机、多媒体教室等各方面的规章制度，做到了操作有章法、管理有依据，一个规范化、制度化和科学化的党校信息化建设管理体系逐步形成。经过几年的建设，各级党校逐渐将自己的着力点放到整合已有的教学保障网、远程教学网、校园网、电视通讯网等各类软硬件资源上，不断完善统一的管理系统和运行机制，使各种信息化载体运行通畅，提高信息化整体素质。

三、新形势下推进党校信息化建设急需解决的几个问题

1. 信息化建设发展不均衡

首先表现为地域间发展的不均衡。除部分经济发达地区的党校外，不少基层党校还没有充分实现党校信息的查询与共享，未能建立与应用信息数据库来处理各种教学、科研及管理信息，缺少各种新型的信息设备。

其次表现为软件与硬件发展的不均衡。在信息化建设的过程中，由于对硬件的需求较明显，所以硬件建设动作快、发展快，但往往对软件重视不够，致使软件建设相对滞后。存在着重硬件、轻软件，重开发、轻应用，重系统、轻数据的倾向。比如：教学数据资源库建设滞后，远程教学网传输内容还不够丰富、课程质量还需要提高、课程储存和点播功能还没有实现；数字图书馆资源库建设刚刚起步等等，不能实现硬件设备利用的最大化。

再次表现为发展速度的不均衡。由于各级党校对信息化建设的重视程度、投入程度、推广程度存在一定的差距，出现了原来基础条件不太好的党校信息化进程上得快，原来基础条件好的党校信息化进程上的慢的现象。

2. 信息化建设管理亟待完善

首先，各种已建的信息系统之间，数据缺乏统一的规范标准，不能方便地进行整合，各信息网络系统之间互相分割、自成体系的情况不同程度存在，不能完全实现互联互通，也无法实现本系统内信息交换和资源共享，客观上形成了大量的"信息孤岛"。整个国家的党校远程教学网络的统一管理体系仍没完

全建立起来。

其次，许多地方党校信息化建设缺乏统一规划、统一管理，存在领导分散、力量分散的情况，信息化建设职能部门有的在信息中心，有的在教务部门、图书馆或教研室，单独设立信息化建设专门管理机构的党校并不多。

再者，各级党校在继续设计实施时，没有统一的总体架构加以规范和约束，基本上各自为政，造成大量的重复建设和重复开发，造成了不同程度的资源浪费。

3. 信息技术专业人员队伍急需加强

目前技术专业人员虽然基本上达到了本科文化程度，以在岗培训和自学的人员为主体。但这支队伍在年龄构成、专业分布和知识结构等方面缺乏合理分布，没有形成梯次。最突出的问题是以下两种人才严重缺乏：

首先是信息专业技术人才。各级党校往往重视对社会科学人员的引进与培养，而忽视了对信息技术专业人员的需要，即使有专业技术人员，对其培养与再提高也不够重视。当前，很多基层党校缺乏优秀的信息化建设人员，有相当一部分缺乏开发信息资源和交换使用信息的能力，信息技术专业人员远不能满足信息化建设的需求。

其次是复合型人才。目前全国党校系统的管理人才大多通过在岗培训和自学掌握了浅显的信息技术，95% 以上的人员缺乏较深厚的信息技术能力，对于如何调动各种资源，发挥培训团队成员的积极性和特长，并保证这些资源的利用高效，缺乏应有的协调能力和洞察力，信息化建设的变革与创新能力不足，妨碍了信息化建设的顺利进行。

四、推进党校信息化建设的策略

1. 实施"国家干部教育培训信息化工程"，推进信息化基础建设上水平

以《中国共产党党校工作条例》和《2010—2020年干部教育培训改革纲要》的颁布实施为契机，大力实施"国家干部教育培训信息化工程"，科学规划，明确培训目标任务，精心设置，保证内容全面翔实，严格程序，提高培训质量水平。可由中央党校牵头，依托各省级党校建设有效共享的国家数字化教学资

源库和公共服务平台，基本建成较完备的国家级和省市级教育干部教育培训信息库。着眼于党的执政能力建设和干部队伍建设，进一步加大干部教育信息化基础设施建设和设备配置力度，努力改善欠发达地区党校信息化环境。推进数字化党校建设，为普遍使用多媒体教学创造基本条件，使所有的干部都能够在信息技术的环境中接受优质教育，提高自身素质。

2. 完善干部教育信息化体系建设，促进优质教育资源共享

教育资源建设是教育信息化的核心，也是教育信息化的灵魂。因此，可以以远程教学网、干部教育网、校园网、数字图书馆为基础，建立全国性的干部教育信息化标准体系和数据体系，完善各级党校的教育信息化环境建设，加快资源、协作、管理等信息化公共服务平台建设，并从党校向其他各类干部培训机构辐射，最终建立起数据体系完备、标准统一规范、系统安全可靠，与干部教育改革发展相适应的教育信息化体系。同时组织由软件专家、具有丰富教学经验的教师以及教育技术专家构成的队伍，注重教学软件与课程相配套，与教学内容相吻合，研制出能真正为干部教育服务的、为广大干部群众喜闻乐见的优质资源。要加大力度，促进各级党校资源网、资源库的关系，使之互联互通，优质教育资源共享。并以应用为导向，完善各地的资源服务平台，使资源服务平台不仅能储存数字化教育教学资源，方便广大干部群众检索下载，同时也能为信息交流和教师协作研究提供服务。

3. 创新人才培养使用机制，加强信息化人才队伍建设

加强人才队伍建设是信息化建设的重中之重。要大力加强制度创新，从机制角度谋求人才成长发展。一要建立信息化专业技术人员的引进机制，加大信息化专业技术人员的录用、引进工作力度，解决普遍存在的信息化人才紧缺问题，强化对信息化科学发展的人力资源支撑。二要建立以人才培训与人才使用相结合的人才开发利用机制，制定与人才使用相结合的培训计划，加强对专业技术人员的培训。通过课件制作、网络信息资源检索利用和网络维护等培训，提高专业技术人员传授课件制作技术、检索利用网络信息资源和解决技术问题的能力，从而开发信息化人才的潜能并且使人才得到合理的使用。三要建立以科学考评和分配制度为主体的激励与约束机制，激励全员学习计算机知识和网

络技术的热情，鼓励教职工在边学边干中锻炼自己运用高科技教学手段的能力。

4. 制定党校信息化评价指标，建构信息化建设和管理的评价体系

建立一套科学、系统、实用的党校信息化评价指标体系，以指导党校信息化发展，从而使党校信息化建立在有高效、务实、统筹规划的基础之上。以科学性、全面性、规范性为原则，对影响党校信息化评价的因素进行全面深入分析，制定完善的党校信息化评价指标，确定明确的信息化评价定性和定量指标，采用加权平均法、层次分析法等方法，构建起各级各类党校信息化评价的指标体系，作为衡量党校信息化水平的准绳和指导党校信息化建设的指南，为党校信息化的具体实施提供切实有效的帮助。上级党校实施对下级党校开展信息化建设管理的现状——在信息化建设和管理中的经济投入、装备数量、质量等投入情况进行综合检查评估，并对信息化建设提出指导性意见

（2011 年 7 月获"华东地区党校行政学院信息化和图书馆科学发展合作会议优秀论文"全文收录进该次会议论文集）

真实书写历史艺术铺就华章
——论大型文献纪录片《旗帜》的辩证之美

中国共产党九十岁生日之际，中央电视台推出十集大型文献纪录片《旗帜》，以影像手段对中国共产党九十年来的风云变幻和光辉历程进行了客观记录和艺术再现。该片创作者运用辩证思维将几组矛盾处理得恰到好处，呈现出鲜明的辩证之美，从而使这部史诗作品凸显出强大的艺术张力，感染了亿万观众。

一、宏观建构与微观表现的统一

《旗帜》全面反映了中国共产党成立九十年来的风云变幻、光辉历程和宝贵经验。内容丰富，人物众多，事件繁杂，时空跨度大。如果不能高屋建瓴，从整体上把握这段历史，合理进行宏观建构，必然使片子流于松散，成为党史知识的简单堆砌。该片创作者紧密围绕实现民族独立、人民解放和国家富强、人民幸福两大历史任务，以中国共产党领导的新民主主义革命同社会主义建设改革为基本线索，以时间和逻辑为序，将建党九十年的峥嵘岁月，浓缩于十个篇章。十个部分不仅各自成章，而且有机组合，既勾勒出中国共产党九十年风雨历程的全貌，又突出了不同阶段的鲜明特点。一条暗线——讴歌党的丰功伟绩，使它们深度呼应，浑然一体。看似简单的布局把一段复杂恢宏的历史表现得举重若轻、挥洒自如。与此同时，每个篇章内部，采用"时空交错式"结构，将所呈现的画面叙事空间分为现实时空和历史时空。前者表现摄制组寻访拍摄过程中的活动，后者表现历史人物和历史事件。这样交错式结构把历史材料和现实材料交错并置，使人物或事件处于多时空变化的格局中，形成对比，加深了历史感和厚重感。

以上这种宏观建构让人们对中国共产党九十年的奋斗史有了宏观把握，凸显了纪录片与生俱来的优势。但如果不注意表现微观细节，容易让片子陷入大而空的机械说教。创作者着力挖掘大事件发生过程中的一些生动细节，使得历史在大事件和小细节的呼应中变得有血有肉，鲜活生动。一些看似闲来之笔的小细节，深深打动了观众。比如：第一集，在描述辛亥革命这一历史事件时，有这样一段解说词："然而，辛亥革命仅仅赶跑了一个皇帝，中国仍旧在帝国主义和封建主义的压迫之下，反帝反封建的革命任务并没有完成。"在处理这段解说词时，创作者没有如以往使用辛亥革命起义士兵们的相关影像，而是挑选了相关历史影像中的两个长镜头：第一个镜头是一个男子和剃头师傅在谈笑中做着刮脸剪发前的准备，第二个镜头是另一个男子的长辫子已被剪下，辫子在剃头师傅的手中像长蛇般晃荡。最值得注意的是，在这两个镜头最后有一秒多的静帧，用以强化解说词表达的概念。虽然这段是较为常见的影像资料，但特殊的处理深化了影像本身所表达的内涵。这个小细节凸显了重大历史事件与个人命运的息息相关，引发了观众强烈的共鸣，有力地深化了主题，烘托了环境气氛。

二、熟悉历史和陌生素材的统一

真实是文献纪录片的生命，也是它魅力的源泉。忠于党史是这部文献纪录片拍摄的首要原则。为了讲清楚历史选择中国共产党的必然逻辑，该片大跨度地追溯了一些举世周知的重大历史事件，凝练地叙述了九十年的辉煌历史的宝贵经验。值得注意的是，在重要的历史时期和重大历史纪念活动中，已经拍过《复兴之路》《伟大历程》《辉煌60年》等关于历史文献纪录片。这些片子均已多角度、多侧面、多层次、多方位回顾、审视和观照了党的历史。许多能体现时代背景、时代特点的经典镜头和能体现重大历史事件的经典时刻多次被使用。这些素材，如果不用，会让片子的历史真实性大打折扣，但一味使用，就不能表达当下电视人对党史的新解读，也难以引发观众的观看兴趣。创作者紧扣主题，以"老资料""新感觉"为目标，在"精"和"新"上下足功夫，有力解决了以上矛盾。他们从熟知的历史材料中，精心选择那些能体现时代背景和时代特点的最经典镜头，能体现重大历史事件的最经典时刻，把真实的历史呈现给观众。同时，尽可能从人们熟悉的历史当中去找更多鲜活的素材，尤其是普通人很难了解到的素材来讲各个历史段落，使得片中出现了近百条首次使用的珍贵历史影像，大大满足了观众的好奇心，增强片子的可视性。比如：第一集《开天辟地》中创作者选用八国联军分区占领北京后，让占领区的居民挂他们国家旗帜。再如1978年的12月16日，中美两国发表了《建交公报》，宣布中美两国决定自1979年1月1日起，互相承认并且建立外交关系。当时举行了一个中美建交的酒会，该片在第五集让这段情景首次跟观众见面。在第五、六、七、八集当中，有一部分是经过精加工和修复的影片资料也首次亮相。这些新鲜史料，不仅大大丰富了文献片的内容，给广大电视观众有一种新版本、新视角，也使整部片子具有了极高的文献价值和观赏价值。

三、纪实手法与写意表达的统一

历史题材文献纪录片的文献性本质，决定其终极追求是在屏幕上表现一段最为接近真实的历史。作为这样一部片子，《旗帜》应是对中国共产党九十年历史忠实的历史性记录，它必须以真实历史事件、人物、场景等为创作素材，以真人真事为表现对象，然后对其进行艺术的加工与展现，并用真实引发人们思考。就观众而言，由于时间久远，空间变化，历史在他们心目中或是支离破碎、杂乱无章，或恍若烟云、飘忽迷离。因而，他们也期待进一步感知真实历史过程。因此，运用纪实手法给观众提供最接近真实的历史，是该片创作者的必然选择。纪实手法也理所当然成为片子的主要手法。《旗帜》中，我们主要看到的是"长镜头""同期声""人物访谈""客观拍摄"等纪实手法。

然而，历史文献纪录片毕竟是真实历史的荧屏艺术表现，是创作者按照自己的理解对历史事实的艺术加工。如何让这些史实系统微妙地作用于观众的心灵，在激起其心灵震荡的同时，让他们心悦诚服地、感觉美好地接纳史实、接受创作者所表达的观点，也是需要重视的事情。该片创作者使用了一种以"纪实为主、写意点缀"的方式，实现了纪实性和艺术性的结合。他们根据不同的题材和创作思路，适时地用写意手法艺术地营造出诗的意境，含蓄表达出所孕育的深沉意念、思想和感悟。《旗帜》中，我们可以看到大量的"解说词""蒙太奇艺术手段"，也可以看到"音乐""表现性材料"等，这些"写意"如同万绿丛中一点红，显得是那样的别具一格、美妙动人，对生活纪实画面给予艺术的超越和升华，给人们带来凝固感、立体感和陌生感，表现出强大的艺术冲击力。与纪实手法一起让整部片子形成一个"有实""有味"的统一体，共同为主题服务。纪实与写意的具体方法就这样自然而然地融合到了一起。最为突出的恐怕就是片头采用的"实拍钢水浇铸党徽"设计，该设计创意独特、立意深远，高度艺术化地表达了中国共产党经过九十年的风雨"百炼成钢"的精神。另外三维动画手段的使用，也有力地丰富了影像的表现力、强化了其叙事感。该片集合了三家国内一流视觉效果制作团队，在50多天的时间里制作了247条、总计时长约60分钟的动画镜头，片中涉及"长征"等段落内容首次采用三维动画的手段予以表现。

四、感性展示与理性思考的统一

台湾纪录片研究学者李道明指出："纪录片一般是指有个人观点去诠释世界的，以实有的事物为拍摄对象，经过艺术处理的影片。"文献纪录片的创作目的，不是为了机械复制历史的自然面目，它是表达创作者个人思想和价值观念的载体，体现了创作者对于历史的洞察和理解。但历史文献纪录片的固有特征，决定了无论什么样的思想和观念，无论什么主题，都不能像作政论文那样用理性、逻辑思维的方式去进行创作，更不能直接去归纳阐释主题和观点，而是要通过影像符号系统来"感性显现"。该片创作者运用直观的影像符号，以感性的方式来表达自己对历史的理解。片中既有细腻的刻画、生动的描述，又有理性的剖析、深刻的思考，理性的思维与感性的表述相得益彰。例如：该片反映的三中全会时，没有论述这次全会对普通百姓的重大影响和在百姓中引起的强烈反响，而是选用了一组北京市民下班路上争相购买《人民日报》阅读有关信息的镜头，通过这种镜头表现人们对全会的急切盼望和由衷欢迎，传递了这次全会与百姓生活的息息相关。理性与艺感性，这看似矛盾的两种特质，便在这里奇妙地结合在了一起。这组镜头不仅记录了社会现实及变革中出现的重大历史事件，而且有力宣传了国家的政治主张和弘扬了普及国家的主流文化及思想意识。创作者以大众共同的情感体验和审美情趣为切入点来迎合观众对于"感性"的需求，从而达到普遍的共鸣，实现历史、政治主题对于当代观众的意识渗透。再如：片中运用大量珍贵影视资料，外拍镜头写实性很强，再加上声情并茂的解说和清新优美的音乐，从而营造了一种激越的情绪氛围。

谨忌思想"伪解放"

十七大报告指出:"解放思想是发展中国特色社会主义的一大法宝"!得到全国干部群众的广泛认同和积极响应,新一轮解放思想的浪潮迅速兴起,有效推动了经济社会科学发展。尽管成效显著,但仍有一些不良倾向值得警惕。笔者就发现,一些人对解放思想内涵的理解存在很大偏差,致使解放思想"走腔变调",成了"伪解放",大致表现为如下几种情形。

一是标签化。就是事无巨细,言必称"解放思想",使它成了一个应景的标签。大到落实党的方针政策,小到日常工作安排,不贴上"解放思想"这个标签似乎就显得缺乏政治敏锐性。于是乎,今天一个新思路、新举措,明天一个新突破、新跨越,都成了解放思想的"成果"。可稍微一动脑筋就可发现,这些与解放思想并无必然因果联系。"解放思想"成了一些人下意识的习惯用语和政治表态。这实际上抛却了解放思想的严肃性,把它当成了追时尚,赶时髦,最终把解放思想引入庸俗化的泥潭。

二是概念化。就是把解放思想停留在讨论一些基本概念、基本观念上,却不落实到行动上。这种人,习惯性地唱着高调,叫得很响,大有求真务实、干事创业之雄心。可满足于做"收发室",当"传声筒",靠文件落实文件,靠会议落实会议,干打雷不下雨,甚至虎头蛇尾、有始无终,演绎出叶公好龙版本的解放思想!这实际上是抽去了解放思想创造性实践这个实质,把它当成了空对空的"坐而论道",使解放思想成了"干打雷""不下雨"的政治把戏,极易把解放思想引入形式主义误区。

三是新奇化。就是片面强调"标新立异"的重要性，过分提倡"人无我有，人有我优"的创业思路，坚持把"敢于做第一个吃蟹的人"作为衡量思想解放与否的标尺。这种人不喜欢按常理出牌，只在"新"和"奇"上做文章，不在"真"和"实"上下功夫，导致表面文章不断，形象工程不停，甚至打着"按市场经济规律办事"的旗号钻法律的空子，胡乱作为，劳民伤财。这实际上是偏离了解放思想的民本性要求，把解放思想变成了个人英雄主义的"遮羞布"，极易把解放思想引入违规违纪的死胡同。

四是表浅化。就是把解放思想的内容与形式一概而论、实质与表现混为一谈。要么在实践中以偏概全，把敢闯敢干等同于思想解放；要么在理论上断章取义，把某些新鲜观点视为解放思想。这实际把解放思想的不同层面混了汤，以至于使很多人不是在解放思想内涵的理解上舍本逐末，不求甚解，就是在实践上故步自封、浅尝辄止，致使解放思想老是"换汤不换药"。这实际上是远离了解放思想的主动性，把它当成了向中央看齐的统一思想，极易把解放思想引入教条主义的沼泽地！

五是功利化。就是将解放思想为己所用，对新思想、新观点始终以个人利益定取舍、评高下。要么寻章摘句，在传统中追根溯源；要么精挑细选，在现代文明中寻找依据。但心里惦记的，眼中关注的，骨子里沉淀的，手里攥紧的，全是个人利益的"小九九"。如果改革只触及他人利益，便大刀阔斧，勇往直前，对民间疾苦充耳不闻。可一旦触及自身利益，便马上摆开"老虎屁股摸不得"之架势。这种"双轨制"实际上背离了维护人民利益的衡量标准，极易把解放思想引入个人主义的险境。

上述五种误区，极容易让广大干部群众对解放思想"不识庐山真面目"，"坠入五里云雾"，从而丧失应有的主动性，难以扮演好解放思想主体这个角色，也违背了解放思想的初衷，与解放思想应当坚持实事求是这个根本原则背道而驰，与维护人民利益这个根本标准南辕北辙。如不谨忌，必然害民误国。因此，要真正解放思想，还需要在科学理解解放思想的内涵上下功夫。改革开放的总设计师，解放思想的奠基人邓小平曾为我们作了科学的概括："解放思想是指在马克思主义指导下打破习惯势力和主观偏见的束缚，研究新情况，解决新问题，使思想和实际相符合，使主观和客观相符合，就是实事求是。"可见，解放思想需要用马克思主义导航定向，还需要以实事求是为根基，以人民的根本利益为准绳。忽略了这三点，就会导致解放思想"失魂落魄"、扭曲变形，难以呈现锐不可当的摧枯拉朽之势！

坚持和运用马克思主义根本的是要用它蕴涵的方法论来透视我们面临的实际问题。辩证思维是马克思主义理论的重要思想方法之一，我们应该牢牢掌握，活学活用。用该思维来理解解放思想，就可以知道它有自己的"表"和"里"。各种以解放思想为主题的系列活动，是它的"表"，即表现形式。方向性、根本性是它的"里"，即本质属性。明白了这两个不同层次，才不会把其演变成小打小闹、修修补补的政治游戏，往个人、部门、地区身上贴一张"解放思想"的标签就了事，而是把它推行为革故鼎新、严肃认真的探索实践，充分运用新思想、新观点来认识和分析工作面临的形势和问题，找出切合实际的解决办法，对不利于解放思想的各种障碍勇于挥刀弄枪大动真格的。

实事求是解放思想的根基，一旦离开它，解放思想就会变成胡思乱想、臆想妄断。要走出上述误区，就需要以实事求是作为行动规则，从实际出发，引出事物固有的而不是臆造的规律性，指导我们的行动。在这个基础上，冲破陈旧落后的思想观念的束缚，把握准解放思想的阶段性特征，研究新情况，解决新问题，既不思想僵化、故步自封，又不哗众取宠、为所欲为，能够提升工作境界、定准发展方向、创新工作思路、改进工作方式，不断取得新的发展成果。

邓小平的经典概括同时告诉我们衡量解放思想的根本标准是维护人民利益。这个以人民利益为价值取向的标准，应当是衡量能否解放思想以及思想解放程度的恒久标尺。具体说来，就是看"是否有利于贯彻落实科学发展观、构建社会主义和谐社会，是否有利于发展生产力、增强综合国力、提高人民生活水平"。所以，解放思想既要传承"铁肩担道义"的传统美德，又要弘扬"我不下地狱，谁下地狱"的献身精神，向个人及团体的既得利益开刀，始终与老百姓同呼吸共命运心连心，这样才能"上下同欲"，共同谱写中国特色社会主义的新篇章。

（发表于《中国纪检监察》2008年第11期获得"2008年度山东新闻奖"）

莫让"检查"变"简查"

岁末年初，各主管部门为查实情、找问题、拿对策，常要进行不同形式的工作检查。这种方法四两拨千斤，对全面提高工作水平起到重要的推动作用。但笔者发现，有些检查员大搞"行为艺术"，让"检查"变脸为"简查"。常用的"艺术手段"大约有以下几种：

一是节目预告。就是检查人员把检查活动当成"双簧"演出，唯恐被查单位摸不准检查的调门，跟不上检查的节拍。在检查前"电话先行""文件先行"，详细告知检查的主题、曲目、曲牌，启发被检查单位对有关工作临阵磨枪，紧锣密鼓地周密排练一番。

二是走马观花。就是按照被检查单位早已规划设计好的"路线图"，坐着汽车转，隔着玻璃看，或者翻翻文件资料、听听总结汇报，浮光掠影，"检"表不"见"里，"检"虚不"见"实，"检"明不"见"暗，"检"出一派新气象，"风景到处都好"。

三是去"精"存"粗"。就是检查人员"没有金刚钻，偏揽检查活儿"，检查起来"东一榔头，西一棒槌"，安排筹划缺乏科学性、严谨性，细节不到位，对问题视而难见，充耳难闻；或者缺乏足够的政治敏锐性，发现问题不能高瞻远瞩，指导工作只能就事论事，不能把握问题实质。

三是先"宴"后"收"。就是"检翁之意不在查"，"而在吃喝玩乐焉"，精心挑选安排，在进餐前的"黄金时段"去检查，对被检查单位安排饭局"盛情不却"，觥筹交错、推杯换盏间将本应圆睁的双眼变得一明一暗，讲些镜花水月般指导意见后，私下按照接待标准打分评判，一"收"了事。

用这些"艺术手段"将"检查"进化成"简查"，危害无穷！从浅处说，它会造成人、财、物的巨大浪费；从深处说，则会侵蚀党的肌体，动摇党的执政基础，冲击政府公信力，损害政府形象。从近处说，它会让人们在实践科学发展观时"找不到北"；从远处说，则会助长敷衍应付、弄虚作假的歪风，埋下引发公共事件的定时炸弹，降低社会和谐度。因此，杜绝以上"艺术手段"，防止"检查"变"简查"势在必行。

笔者以为，要做到真检实查、巧检妙查、廉检洁查，需要念好"选、训、监"这本"三字经"。"选"就是精挑细选检查员。虽然他们都是"临时工"，但位轻权重，手握衡量标尺，具有评判话语权，是领导决策的"外脑"。所以选拔讲政治、讲正气、公道正派、业务精湛、坚持原则的人做检查员是关键环节。我们一方面可以沿用传统的部门抽调方式，另方面可以探索一条公推公选的途径，确保选准、选对检查员。"训"就是勤教常训检查员。虽然他们大都内嵌较高版本的社会病毒"防火墙"，但该病毒变异快，必须对"防火墙"适时升级，才能造就金刚不坏之身。加强教育培训成为必选途径。我们可以推行检查员岗前培训制度，借助党校、行政学院、高校、科研机构等阵地，对检查员进行岗前培训，始终坚持把理想信念教育、党性修养教育、社会主义核心价值观教育列于教育之首，促进他们增强党性修养、提高责任感、提升业务素质的自觉性。还应针对行业特点进行业务培训，提高其业务技能。"监"就是严督细监检查员。提高检查水平、规范检查行为、严肃检查纪律、确保检查质量，不能单纯依赖于检查员的行为自觉，要让他们心态上有所危，思想上有所畏，行为上无所违，还需以规范检查评议结果反馈制度、设置检查评议申诉程序为重点，探索建立检查员责任追究长效机制，把问责的板子打到相关人员身上，从而为检查行为设立"高压线"，从根本上杜绝让检查变脸的种种"行为艺术"。

（发表于《山东支部生活》2009 年第 4 期）

抓安全生产当学扁鹊三兄弟

11月2日，国家安全生产监督管理总局发布公告，对2008年1—10月份发生重特大生产安全事故的事故责任企业名单予以公布。这是国家安监部门为严肃追究生产安全事故责任，接受社会监督，采取的严厉措施之一。

惨痛的教训再一次告诫我们安全生产来不得半点马虎，抓好安全生产管理是贯彻落实科学发展观的重头戏。

我们不妨学学扁鹊三兄弟。

据《史记》载，魏文侯曾问扁鹊："你们三兄弟中谁最善于当医生？"扁鹊回答说："长兄医术最好，中兄次之，自己最差。"然后解释说，"长兄治病，是治于病情未发作之前，由于一般人不知道他事先能铲除病因，所以他的名气无法传出去。中兄治病，是治于病情初起之时，一般人以为他只能治轻微的小病，所以他的名气只及于乡里。而我是治于病情严重之时，在经脉上穿针管来放血，在皮肤上敷药，所以都以为我的医术最高明，名气因此响遍天下。"

这个故事，对我们抓好安全生产管理很有启发：

先要学扁鹊大哥，强抓事前控制。

安全经济学告诉我们：预防性的"投入产出比"大大高于事故整改的"投入产出比"。抓好安全生产，就应像扁鹊的大哥那样，"未病先防"，着眼于未雨绸缪，强抓事前控制：多搞一线调研，洞察容易引发事故的要害和非要害因素，确定预防重点，扫除预防盲区；创建、弘扬安全文化，通过大众传媒、网络传媒、典型案例、互监互助等教育方式，提高干部群众对安全工作重要性的认识；开展安全技能培训，组织安全技能竞赛，进行反事故演习，多途径提高干部群众的安全操作技能；加大安全工作经费投入，开展安全科技研究，强化安全基础设施建设，提供硬件支撑。总之，不给事故的发生提供可乘之机。

次要学扁鹊二哥，狠抓事中整治。

欧阳修曾告诫世人：祸患常积于忽微。重特大事故往往都是从小隐患开始的。抓好安全生产，还应像扁鹊的二哥那样，"既病防变"，着力于"阻截传变"，狠抓事中整治，即狠抓隐患整治：加大事故隐患的查找力度，由阶段性安全生产专项整治及突击式安全检查向长期性规范化、经常化、制度化安全监管转变，彻底消除安全隐患的藏身之地；通过建立和执行安全隐患整改通知单制度、整改情况反馈制度、整改情况回访制度等，确保安全隐患得到及时彻底整改，完善安全检查工作的运行机制。总之，一旦发现事故苗头，便毫不留情地斩草除根。

三要学扁鹊，严抓事后处理。

抓安全生产，还得像扁鹊治病那样，"愈后防复"，立足于"扶助正气"，严抓事后处理，即强化安全规章制度的执行力：坚持目标引导和施压推动，把安全工作与个人奋斗目标、职业发展、物质薪酬挂钩，坚持有成绩、有贡献必奖，有问题、有失误必罚，做到不打折扣，严格考核；强化安全责任事故的查处，严格执行安全生产责任追究制，坚决按照"四不放过"的原则处理事故，对责任人大动真格的，警醒和教育干部群众，在安全生产工作中切实担当起应有的责任。

只有如此，安全生产管理实践中"预防腿短"的局面，才能得到根本改观，科学发展才能根深叶茂、硕果累累！

（2008 年 11 月发表于济南日报集团官网）

智慧城市建设要力避"虚火"

2012 年 11 月 "国家智慧城市试点工作" 启动以来，各级政府、热情高涨，主动对接，市场主体也摩拳擦掌、跃跃欲试。四五年间时间里，智慧城市在我国遍地开花，一时风头无两。这种新的发展路径，不仅给治疗各种棘手的城市病带来希望，而且给城市发展转型提供了新引擎，但体量的爆发式增长，为虚火滋生埋下伏笔。目前，出现了一些虚火旺盛的症状：

一是标签化。就是城市建设中但凡与信息技术、智能技术有关的工作，不考虑其感知是否透彻、互联互通是否全面、智能化是否深入，一律披上"智慧化"的外衣，使它成为一个应景的标签。开发使用一个手机 APP，方便服务居民，便称为"智慧服务"；安装一套门禁系统，强化社区监管，便称为"智慧管理"；提供一套移动办公平台，随地便利办公，便称为"智慧办公"，似乎不贴上"智慧"这个标签，就不能追求未来。久而久之，智慧城市建设就变成了一些人下意识的习惯用语，智慧城市建设变成了追时尚、赶潮流。

二是理想化。就是将智慧城市建设作为未来城市发展的"理想国"，认为它是解决环境污染、交通堵塞、公共服务不到位等城市顽疾一用就灵的复合药方，是城市发展系统升级的万能钥匙，不管是否有足够的要素资源，是否有足够的支撑能力，执意照猫画虎，直接套用一些现行城市或国内知名企业的智慧城市解决方案，一股脑地花重金购买设备、建设机房、建云中心、铺宽带网、搞产业园、开发房地产，打造智慧交通、智慧医疗、智慧政务、智慧社区、智慧环保、智慧医疗等工程，结果脱离实际，大而无当，严重者掉进资金的无底洞，难以为继，使智慧城市沦落为半拉子工程。

三是碎片化。就是在智慧城市建设中重硬偏软，在尚未充分考虑系统关联和措施配套的时候，就按照新一轮信息化的路数，将智慧城市建设变通为项目建设，要求各部门重点推进。有关部门自行其是，或因为技术标准不统一，或出于信息安全计部门利益考虑，坚持将信息封闭在自己的"一亩三分地"，不愿跟其他部门互通有无，结果造成一大堆不能互联互通的"信息孤岛"，致使城市基础数据难集成、难流动、难共享，智慧城市成为缺乏智慧的空架子，造成了智慧城市不智慧的尴尬局面。

虚火久了，肌体机能就会紊乱。所以，我们需要及时拂去智慧城市的虚火。首先要做的就是固本培元。习近平总书记强调：人民对美好生活的向往，就是我们的奋斗目标。归根到底，人民才是智慧城市是否有价值最终评判者，坚持以人为本，立足于应用效果和民众感受，多从"人"的角度来考量智慧城市建设，恐怕是去虚火的根本之策。其次，就是调理经络，通之以道，填之以实。智慧城市建设之道在于准确把握智慧城市内涵，甄别剔除各种披着"智慧化"外衣的"伪智慧化"，还原智慧城市建设真面目，保证方向正确。"填之以实"在于因地制宜，确定符合自身实际的发展路径，循序渐进，然后以自我革命的勇气加快数据开放和共享，打通信息孤岛，走向集约化、共享化。

精准画像，提升选人用人水平

选准用好干部，端正用人导向，是净化党内政治生态的治本之策，事关党的事业发展全局。各级党组织必须切实提高识人的分辨率和透视度，为干部精准"画像"。确保"画像"从"大写意"变为"工笔画"，增加考评的精确性和科学性，成为各级党组织着力解决的重要问题。

自己测评，画好"心理像"。常言道："知人知面不知心"，了解一个人的内心是件困难的事情，但每个人都会有些稳定的心理活动特征，我们可以借助心理测评工具来将隐蔽在个体身上的这些心理特征客观描述出来，并将测评结果以定性或定量的方式加以呈现，在此基础上，对考核对象进行职业性格分析。目前，卡特尔16PF、大五性格测试、九型人格测试等人格类型测验可以帮助我们准确了解测评对象的情绪及情感特征，把握其独立性、坚定性、果断性、自制力等意志特征，以及兴趣的倾向性、广阔性等认知特点、追求成就或者避免失败的动机强度等。这样就可以通过自我测评的方式，让每个考核对象画出自己的"心理像"。

他人测评，画好"网络像"。民主测评时不少人顾虑重重，不愿说出心里话，对测评对象的不足及违纪违规问题往往采取回避态度。网络测评有利于确保测评的隐蔽性，更好地获取真实的评价，能弥补传统政治沟通渠道的不足。目前，可以利用不同公司开发的《网络考核系统》，根据考核对象的实际情况自行定义考评项目、考评内容、考评人身份、考评时间及期限，以及考评汇总中的权重，将测评分为"密码测评"和"自由测评"两个区域。密码测评采取寄发密码的形式进行评议，持密码者上网评议，每人对同一地区、同一部门、同一个干部只能评议一次。自由测评，采取自愿上网发表意见建议的方式进行。密码测评计入考核总分，自由测评不计入分值，但由考核组汇总梳理后，将意见建议反馈各部门及个人，并督促其整改。这样就通过他人测评的方式，画出考核对象的"网络像"。

组织测评，画好"业绩像"。实绩考核是全面考核的关键。我们可以通过建立业绩台账和实绩档案制度，对考核对象取得的实绩进行有效评价。首先可以通过干部申请、单位及组织部门审核的方式，确定不同类型、不同层次干部的基本业绩，考核时先对基本业绩进行核实。然后，对干部在以上基础上取得的成绩、获得的评价、得到的表彰以及出色完成中心工作、重点工作、重点项目建设情况，完成急难险重任务的表现情况等进行核实，作为考核对象的正向业绩。再次，对考核对象所受处分及工作中有较大失误、反响较大等情况进行核实，作为考核对象的反向业绩。最后，由考核组对干部业绩进行综合研判，分出"优劣"与"成败"。这样，通过组织测评，画出考核对象的"业绩像"。

总之，不断丰富干部考察方式、延伸考察链条，全方位、立体考察干部工作实绩、性格特点、群众评价等诸方面，才能切实保证干部考察的真实效果和质量，为提升选人用人水平提供可靠保障。

第二部分

教学艺术篇

∨∨∨∨∨

精选角度让党的十九大精神"接地气"

　　信息化建设与应用改变了理论宣讲层层传递的传统模式，让基层党员干部可以通过视频会议等形式，直接收看到中央、省市委宣讲团的宣讲。县委宣讲团教师到基层宣讲十九大精神，必须避免"吃别人嚼过的馍"，多角度准备"精神食粮"，才能"按需配送"，让党的十九大精神接上"地气"，收到宣讲实效。为此，我在备课时，多次跟基层联络员深入交流，并通过调研等方式，多渠道了解乡镇、街道（办事处）、社区的工作部署安排，工作遇到的困难以及了解听课对象的思想实际，进而准备了三个讲稿。在跟联络员介绍宣讲思路及宣讲重点后，让他们从三个讲稿中选择最符合他们实际的一个，然后进行宣讲。

　　第一个讲稿，命题为《新时代的政治宣言和行动纲领——深入学习贯彻党的十九大精神》。该讲稿从百姓身边变化视角，分析本地域典型案例及数据，突出十九大提出的新思想、新战略、新部署、新要求，引导基层党员干部在"学懂"上下功夫。

　　中央及省市委宣讲团面对的党员干部范围广、层级多，从宏观层面切入，更容易找到党员干部思想精神的"最大公约数"，因此，他们大都根据《中共中央关于认真学习宣传贯彻党的十九大精神的决定》，按照"十个深刻领会"来谋篇布局，从国家层面选取典型案例，在宏观层面对十九大精神进行宣讲，具有"大而全"的特色。作为县委宣讲团成员，我面对的乡镇、街道（办事处）、社区的普通党员干部和群众，他们精神思想的"最大公约数"更具地域特色和基层特色，因此，我在对讲稿谋篇布局时，着重在"大而全"与地域特色、基层特色上的结合上着力，在"高大上"理论"接地气"方面下功夫，从基层党员群众几十年来的生活变迁及感悟切入，引领他们深刻认识党的大政方针对人民生活的密切关照。比如，为帮助他们深刻领会党的十八大以来党和国家事业发生的历史性变革，我从全县农村地区的旱厕改造，谈到农村公路的绿化、夜晚的亮化，从发放耕地地力保护补贴，谈到新农合、新农保，从全县农村地区孩子们的高中入学率、升大学比例，谈到全县从农村在城市转移人口的比例等，引领大家梳理了近年来生活发生的深刻变化，在此基础上分析"什么让生活发生了这样的变化"，然后预测"未来五年生活还会发生哪些变化"，并进一步思考"未来生活为什么会发生这样的变化"，以此为突破口，引领基层党员干部认识到十九大精神，事关最广大人民根本利益，描绘的美好图景需要全体中国人共同努力来实现，自觉把思想统一到党的十九大精神上来，把力量凝聚到党的十九大确定的各项任务上来。

第二个讲稿，命题为《把握精髓要义，强化理论武装——深入学习贯彻党的十九大精神》。该讲稿从国内外比较视角，分析十八大以来取得巨大成就的根本原因，突出十九大蕴含的马克思主义立场观点和方法，引导基层党员干部在"弄通"上下功夫。

党的十九大是就党和国家事业全局做出的顶层设计和全面部署，不会给乡镇、街道（办事处）、社区等基层单位提供具体工作方案。身处基层的党员干部及群众，很多人会有这样的疑问："高大上的理论不给基层提供具体工作方案"，深入学习有什么用呢？我从人们关注的这个问题切入，拿中国、美国、巴西近两年来发生的巨大变化及其根本原因做了分析，引导他们认识到中国改革开放以来尤其是十八大以来取得巨大成就的根本原因在于中国共产党拥有强大的思想武器和实践利器，这件武器和利器让中国共产党在面临"中等收入陷阱"等各种发展危机时具有足够的智慧"化危为机"。基层党员干部学习十九大精神关键在于把握蕴含其中的思想武器和实践利器，也就是马克思主义，才能"弄通"十九大精神，然后结合自身实际，对十九大部署的任务目标进行创造性转化和创新性发展，让十九大精神落地生根。基于此，我从十九大蕴含的马克思主义立场、观点和方法入手谋篇布局，选取素材，引导基层党员干部站在人民立场上，用马克思主义基本观点和思想方法认识问题，分析问题、处理问题，启发大家凭借自己的力量，找到与十九大精神相匹配的具体工作方案，实现同党中央在思想上同心同德，在目标上同心同向，在行动上同心同行。

第三个讲稿，命题为《增强"八项"本领，让十九大精神落地生根——深入学习贯彻党的十九大精神》。该讲稿从行政能力视角，结合实际案例，分析基层党员干部面临的挑战及本领恐慌，突出增强"八项本领"，引导基层党员干部在"做实"上下功夫。

毛泽东曾说："正确的路线确定之后，干部就是决定的因素。"党的十九大就新时代坚持和发展中国特色社会主义的一系列重大理论和实践问题阐明了大政方针，就推进党和国家各方面工作制定了战略部署，是我们党在新时代开启新征程、续写新篇章的政治宣言和行动纲领。基层党员干部处于社会主义现代化建设的末端和一线，是确保十九大精神在基层落地生根的重要保证和坚定依靠。十九大报告对全党提出了增项"八项本领"的要求，也全面诠释了基层党员干部应该具备的综合素质与能力。基于此，我从基层党员干部面临的时代挑战及存在的本领恐慌切入，重点讲解十九大关于建设高素质专业化队伍及全面增强执政本领的论述，落脚到增强执行力、行动力，用实劲、巧劲抓好落实上来。在该讲稿的导语部分，我从本县精准扶贫、环保攻坚、双城联创等工作中感受到，基层党员干部普遍存在"老办法不够用，新办法不会用，硬办法不敢用，软办法不顶用"的现象，分析新形势新任务是对党员干部知识结构和能力水平'转型升级'的迫切要求。

总之，县级党校教师承担着在上级宣讲团宣讲后，让党的十九大精神在基层党员干部中持续动起来、持续学起来、持续热起来的使命。对于讲什么、如何讲，必须动足脑筋、下足办法，才能根据乡镇基层党员干部的理论水平、理解接受能力、现实生活处境和关注热点等，安排内容详略，决定材料取舍，变换表述方式，避免宣讲工作的重复性，触动基层群众对理论的"期望点""兴奋点"，让基层党员干部受教育、受鼓舞、受启迪，让十九大精神接足"地气"。

（发表于《党课参考》2018 年第 6 期）

题中有深意

——宣讲党的十八届三中全会精神的问题设置艺术

党的十八届三中全会，对全面深化改革的若干重大问题做出战略部署。要想引导广大干部群众充分认识全会的重大意义，深刻领会和准确把握其精神实质，需要宣讲者丰富宣讲形态，创新宣讲形式。笔者在宣讲过程中，大胆使用问题教学法，以问题为载体贯串教学过程，使学员在提问和释问的过程中增强学习动机，提高自主学习能力，有效地提高了宣讲效果。那么，问题如何设置呢？

一、紧扣教学目标，全盘考虑，灵活转化

三中全会思想深邃高远，内容博大精深，战略大气恢宏，要学习的内容很多。宣讲中激活学习兴趣、启发深刻思考的问题，可以随手拈来。但是，问题归根到底是手段，而不是目的。教学目标才是问题设计的核心，是宣讲的出发点和归属点。问题教学法的使用及问题的设置，必须紧密为教学目标服务。

习近平总书记指示"努力讲全、讲透、讲实，帮助广大党员、干部、群众全面准确领会全会精神，全面准确领会全会提出的新思想、新论断"，这为宣讲活动指明了方向和预期效果，成为宣讲活动的总体目标。但是，学员对理论知识的吸收、理解、领会，对其精神实质的把握、认同、内化，都是逐步深入、渐次推进的，所以宣讲前我首先将总体目标从知识更新、能力培训、理论武装、党性教育四个维度进行了细化设计。但是，这种四维目标仍然具有较高的抽象性和概括性。要想使学员入脑入心，需要想方设法从现实切入，把它进一

步具体化，变为群众关心的热点、难点问题。于是，我设计出"三中全会精神为何要原原本本地学"、"除'本本'外，应当把哪些材料作为重要的参考资料""如何研机析理"等问题，将全面深化改革的重大意义、总体思路、任务举措、对人们工作生活的影响等宣讲重点不留痕迹地嵌入进去，既让学员对全面深化改革的战略部署有了宏观清晰的认识，又让他们对全面深化改革的重大意义有了微观具体的感受。抽象的教学目标变得具体直观，在设疑、解疑中得以落实。

二、遵循思维规律，由浅入深，循序渐进

对于三中全会，要学习领会的内容很多，但最根本的是紧紧抓住解放思想、实事求是、与时俱进、求真务实这个精髓，掌握蕴含其中的科学世界观和方法论，使人们认识问题、分析问题的能力不断升华到新的高度。同时通过学习党的创新理论，掌握分析处理问题的科学立场、观点和方法。由此可见，宣讲过程是科学的理论知识得以系统阐释的过程，也是其思辨逻辑得以逐层展示的过程，更是学员思维逐渐打开，不断拓展深化的过程。这就要求，问题设置必须遵循思维规律，由易到难，由简到繁，步步推进，层层深入，逐步把学员的思维一步一个台阶引向求知的新高度，使其"渐入佳境"。否则，会挫伤学员学习研究科学理论的积极性和自信心，严重者会使部分学员产生思维障碍。

在宣讲的起始阶段，我提出"为什么三中全会的任何风吹草动都会成为社会各界关注的焦点"这个问题，引发将学员们认识到学习贯彻三中全会精神，不仅事关政治修养的提升和政治任务的落实，也事关每个人切身利益的保障，起到了带入情境、渗透主题、吸引注意力的作用。接下来沿着对三中全会精神"为什么要科学把握""怎样才算科学把握""如何才能科学把握"的思路进行下去，最后以开放性问题"三中全会精神给基层工作带来哪些启示"结尾。这些问题的设置，按照由从具体到抽象、从感性到理性、由低级向高级的规律，进行安排，引导学员由表层感知发展到深层理解，再发展到认同内化，最后发展到自愿践行，保障了宣讲的实效。

三、围绕教学主线，提纲挈领，纲举目张

问题教学法最大的特点就是将党的科学理论以问题的形式呈现给学员。如果抓不住主要矛盾，找不准内部联系，容易导致问题被随意设置，使问题烦琐、零碎，让宣讲变得臃肿繁杂，散漫无序，进而使学员的注意力和思维活动变得飘忽不定，导致教学效果大打折扣。

这就需要教师对诸多问题进行遴选。遴选不仅要紧扣教学目标，更要紧紧围绕教学主线进行。

提炼、整合出宣讲主线，设计一个"牵一发而动全身"的大问题，能有效帮助宣讲者冷静判断，大胆舍弃，使全课教学浑然一体。

结合中央宣讲要求和基层干部群众的需求，我将"科学把握三中全会精神"确定为宣讲教育的主线，紧紧围绕这条线来部署问题，"从哪些权威材料入手学习十八届三中全会精神""对这些权威材料进行何种类型的学习""科学把握三中全会精神要避免一些误区""三中全会精神对个人工作的启示"等问题，都围绕它呈现并通过它进行拓展。教学主线将这以上问题层层推进，渐次融通，内通外联，受到融"点"成"线"的效果，使宣讲目标更加鲜明、突出、醒目，更易于听者理解和把握，达到提纲挈领、纲举目张的效果。

四、配合教学节奏，疏密相间，动静相宜

人们常用弹奏音乐来比喻教学。宣讲者按照主旋律，机智调控，使宣讲的各个环节有机相连，起伏有致、收放有度、动静相生、疏密相间、快慢相宜，表现出一种与学员心理相容的节奏变化，是提升宣讲品质和效果的必经途径。如果整个宣讲过程都是一个腔调，机械地按照提出问题、分析问题、解决问题思路，平铺直叙，学员会感到乏味，打不起精神。因此在组织宣讲时要巧妙安排，使之教学节奏疏密相间、动静相宜。

宣讲中我把教师讲学员听、教师问学员答、学员研讨教师小结、教师自问自答、学员提问同学回答、学员提问教师回答等双边活动，有机结合起来，使

宣讲活动在动静交替中有节奏地进行。对于人们容易理解的采取"蜻蜓点水"、一带而过式快进讲解，对一下子难以领会的重点难点，则"重锤出击"，既有学员讨论，又有教师分析、点评，放慢节奏徐徐展开，同时将难易知识点错落安排，既保证学员跟上进度，不掉队，又保证他们保持适度紧张，适时出现思维高潮，从而使整个宣讲活动体现出节奏分明的流动美。

（发表于《党课参考》2014 年第 3 期）

传道有术授业有方
——宣讲中国梦的艺术

民族复兴中国梦，是党和国家未来发展的政治宣言，是全党全国各族人民共同的奋斗目标。它是关乎中国发展的重大课题，属于人们常说的"大道理"。宣讲中国梦，讲究教学方法和教学艺术，让这个梦想贴近实际、贴近生活、贴近群众，尤为重要。现就自己宣讲"中国梦"的实践，谈点粗浅体会。

一、千头万绪一脉牵——主线设计艺术

如果把课堂教学比作一首乐曲，那么教学主线就如同乐曲中的主旋律。课堂教学主线能使一堂课条理清晰、环环相扣，既能保证教师授课不枝不蔓，游刃有余，又能使学员不囿于支离破碎的知识点的学习，而是通盘考虑进行系统化学习，从而使教学取得实效。

"中国梦"，如同"题眼"一般，为主线设计提供了聚焦点。考虑到新一届中央领导集体对中国梦的阐述主要集中在"是什么、如何实现"两个方面，我在反复研读有关论述后，按照以上这种序列性，梯次推进，确定以"是什么、为什么、怎么干"为主线，然后据此分步定层，最终确定了宣讲中国梦的"三步八层"：

第一步——中国梦是什么？包含中国梦内涵的阐述、中国梦内涵中三个层面的有机联系、中国梦的目标要求三个层次。

第二步——为什么要提中国梦？包含国家民族发展需求、党的建设需求、

个人发展需求三个层次。

第三步——如何实现中国梦？包含"国家、民族、人民如何梦想成真""个人如何圆梦幸福"两个层次。

三个步骤，八个层次，使课堂教学层层递进、绵绵有序，前后衔接，浑然一体，既能保证局部教学目的与整体教学目标的契合，又能把师生双方的理解、倾听、学习清晰地串起来，促进双方的理解和感悟，使课堂教学内容上升到一定高度，达到一定的深度。

二、未成曲调先有情——课堂导入艺术

教学是一项极富艺术特色的创造性活动，而课堂导入则是这一活动的首要环节。艺术的课堂导入犹如唱戏的开台锣鼓，未开场就能先叫座，也像拉开了沉沉的大幕，让学员一眼便看到了精美的布景，从而激发兴趣、引起注意、揭示课题，有效打开课堂教学。宣讲中国梦，我一改平常运用的叙述语调，借助一些朗诵技巧，强化了语言的感染力，并重点运用情景导入的方法，来吸引学员的注意力，激发他们的爱国、追梦的情感。

刚开始时，我略微提高音调，用热情洋溢、抑扬顿挫的语气先"声"夺人："2012年11月，习近平总书记在13亿中国人心头点燃了'冬天里的一把火'，这把火，不仅温暖了13亿中国人的心窝，也引爆了13亿中国人追求幸福的热情。这把火是什么呢？"略作停顿，给学员思考留出思考、讨论的时间后，我以认同感很强的表情，高调指出："对，这把火就是'中国梦'。"

然后，我以朗诵的语调，指出："五千年的华夏文明，赋予中国人歌以咏志的传统。今天，我们一起唱响我们的中国梦。"随之，播放了歌曲《中国梦》的 MV 视频，开阔大气、图文并茂的精彩视频，磅礴大气的优美音乐，让学员在形象、直观的情景中，唤醒自己强烈的爱国情感和追梦幸福的热情。

接着，我又以满含深情、坚定有力的语调指出：正像歌曲里面唱的那样，"你在倾听，我在倾听，一个声音在历史穿行；你在追寻，我在追寻，一个夙愿让民族振奋。这就是你的梦，这就是我的梦，这就是我们的中国梦。"今天我跟大家学习的主题是：中国梦，梦想成真。

正如德国教育家第斯多惠所说："教育的艺术不在于传授知识，而在于激励，呼唤，鼓励。"朗诵和视频的直接性、快捷性、情景性等特征，为教学的价值引导和情感感染提供了有效途径，极大地激发学员们的兴趣和主动参与的积极性，为进一步深化学习提供动力。

三、善问者如撞钟——课堂提问艺术

古人云："学起于思，思起于疑。"提问时师生双边互动最基本也是最重的手段。如果依据所讲主题，结合学员实际精心设计提问，就能集中学员的注意力，调动学生思维的积极性，有效开拓他们思考的广度和深度，从而增强教学效益。

对于为什么要提出中国梦，新一届中央领导集体尚未做出权威解释，但对这个问题的理解，影响着学员对中国梦理解的深度，也影响着对习近平总书记提出的实现中国梦途径的深度认同。这个承上启下的过渡部分，设计不好，就会"帆过浪无痕"，降低课堂实效；设计得好，则能"一时激起千层浪"，引导学生的思维向纵深发展。在这个部分，我避开了常用的直接诱导式、追根溯源式、曲导式提问方式，而是采用无中生有式提问方式。打破了学员被动接受和趋于平静、疲劳的心理，激发了他们拓展思路、深钻探究的积极性，在最不经意之处达到了一个思维高峰，增强了课堂的节奏美。

四、言已尽而意无穷——课堂结尾艺术

俗话说："编筐编篓，重在收口。"完善精要的结尾，犹如"画龙点睛"，会使教学再起波澜，从而丰富和深化教学活动，推动教学活动从课内到课外、由知识向能力扩展，达到"课结束、趣犹存、意未尽"的境界，使人回味无穷。

我没有采用"小结归纳法"戛然而止，简单收场，而是使用"留白式结尾"，设计了如下结语：

获得诺贝尔文学奖的作家莫言，在被记者追问"你幸福吗"时，回答说"我现在压力很大，忧虑重重，能幸福么？"莫言说，"我要说不幸福，那也太装

了吧。刚得诺贝尔奖能说不幸福吗？"他遇到的这种幸福尴尬，深刻反映出个体幸福的主观性质和不同个体间幸福感的差异。正如美国作家、哲学家梭罗说："人是自己幸福的工匠。"每个人自己才是个人幸福梦想的主宰。幸福之道，因人而异。你还有哪些幸福之道呢？请回家分别和你的三个朋友和家人一起探讨总结，看看你的幸福之道有哪些！

（发表于《党课参考》2013 年第 9 期）

如何把党课讲到点子上

把党课讲到点子上，就是要求授课者陈述观点时切中要害、有的放矢，使学员快速明白自己的教学意图，并轻松愉快地接受。

一、讲清道理的关键点

党课涉及的道理事关国家和个人发展的大局，挂一漏万，面面俱到，往往太过刻板，容易流于形式，难以引起学员共鸣。抓住道理的关键点，如同抓住了解决问题的金钥匙，常能收到以点带面、举一反三的效果。

我跟学员讲"要客观认识自己和环境"，紧扣"客观"这两个关键字展开阐述。我先举了一个事例：美国福特汽车公司要排除一台大型发动机的故障，请了很多人都束手无策，最后请来了德国著名的电机专家斯坦门茨。斯坦门茨围着机器转了两圈后，用粉笔在电机外壳的某处画了一个"x"，然后吩咐公司负责人说："把做记号处的线匝减少16匝。"难题迎刃而解，斯坦门茨要了1万美元的报酬。很多人不解地纷纷议论，说画一个"x"就要1万美元，实在是太多了。斯坦门茨回答道："用粉笔画一个叉，值1美元，知道在哪里画叉值9999美元。"此语一出，众人皆默然。然后分析道："画叉是人人都能做到的，知道具体在哪里画叉却是极少数人才具备的才能。许多人常常抱怨自己的待遇太低，却很少在心底问过自己是否具备获取高报酬的本领，是否具备获得好待遇的业绩。最后突出强调：客观和主观没有明显界限，但是只要多角度、多侧面、多层次思考问题，就是客观的态度。"

二、讲清知识的易混点

虽然党课的目标在于切实提高党员干部的素质能力，但素质能力的培养终究离不开一定的知识传授。抓住一些易混的知识点，进行深入比较、分辨、解析，能促进学员准确深入地理论理解认识所学习的理论。

我在讲"从新高度科学认识'三个代表'重要思想"时，主动抛出这样一个疑问："三个代表"就是那么一句话，怎么能说是一个系统的理论、完备的科学体系呢？然后分析道："有些同志之所以存在这样的疑问，一个重要的原因在于没有科学把握'三个代表'和"'三个代表'重要思想"这两个既相互联系又相互区别的概念。"接着继续分析："三个代表"是指"始终代表中国先进生产力的发展要求""始终代表中国先进文化的前进方向""始终代表中国最广大人民的根本利益"，而"'三个代表'重要思想"是指包含"三个代表"概念在内，关于中国改革发展稳定、内政外交国防、治党治国治军等的一系列紧密联系、相互贯通的新思想、新观点和新论断，由它们组成的系统科学理论，才是"'三个代表'重要思想……"

三、讲清认识的模糊点

党员干部对理论的内涵及外延把握不准，极容易产生片面甚至错误的认识，导致实践中出现问题和偏差。抓住他们认识上的模糊点，能帮助他们科学把握所学理论的含义，避免思想认识上出现偏差甚至南辕北辙，步入实践误区，使党课发挥好应有的作用。

四、讲清理念的空白点

教育引导党员干部摒弃落后观念，树立先进理念是党课的重要功能之一，这样才能促动他们与时俱进，自觉保持先进性，从消极、被动接受党的理论政策转变到内化为主动、积极地落实执行的不竭动力。

我在讲"基层领导干部要学会利用网络资源"时，针对基层领导干部对网络冷漠、审慎和观望的态度，阐明：互联网开辟了一个公众释放情绪、表达意见的开放空间。它具有很强的放大功能。如果一个社会热点问题通过网络传播，会逐渐形成"舆论风暴"，继而演变为公共议题，还可能转化为公共危机。只有充分把握网络这一传播媒介的特点，发挥它社会减压阀的功能，才能释放公众不满的情绪，减少上访事件，从根本上促进社会和谐发展。不上网、不重视网络建设、不会利用网络，很容易让自己陷入工作被动，降低对群体性事件的把控能力。重视网络资源，学习它、利用它，应该成为当下干部急需树立的理念。

五、讲清思想的困惑点

社会转型所带来的利益分化、道德失范、价值多元化，使党员干部常常面临诸多思想困惑。紧扣这些困惑点，用理论之光拨开心头迷雾，解开种种心结，是让党的理论走进人心灵的最佳途径之一。

（发于《党课参考》2009 年 11 期）

找准小切口讲活大道理

　　马克思主义理论是共产党的传家宝，也是发展中国特色社会主义的指南针，一直被用来武装全党、教育人民、凝聚人心、鼓舞斗志。它与党的路线、方针、政策等关乎中国发展全局，因而常被人们统称为"大道理"。

　　"大道理"所属层次高，具有宏观性、概括性、抽象性，常常显得高深莫测，令普通群众莫敢企及、望"理"兴叹。而坚定的行为源于深刻的理解，人不会持久不断地做自己都不知道为什么要做的事情。人民群众掌握了科学理论，才能产生强大的能动性和创造力。因此，做好政治"翻译"，将"大道理"化抽象为具体，变深奥为通俗，转宏观为微观，从而入群众脑，进百姓心，点燃他们的智慧，让科学理论真正成为亿万人民群众改造世界的强大思想武器，是党的各级领导干部和理论教育工作者的光荣使命。

　　如何把"大道理"讲出魅力，使它贴近实际、贴近生活、贴近群众呢？我以为关键在于找准"小切口"，就是精选那些能够把"大道理"平俗化的关节点，以此切入，使"大道理"具体化、形象化、通俗化，让群众听得懂、愿接受、肯运用。这些"小切口"既可以是寓言神话、俗语对联，又可以是新闻事件、成语典故，还可以是数字、修辞手法等等。总之，凡是群众喜闻乐见的人、事、物均可作为宣讲"大道理"的切入点。下面笔者结合自己的课堂教学实践具体谈谈：

一、以寓言神话为切口

寓言及神话故事多取材于民间，充满着神奇的幻想，是一种人民群众最熟悉的文学形式，具有故事性、哲理性、讽刺性和劝解性，用它可以巧妙地把"大道理"故事化、事件化、人性化，在不知不觉间走进受众心灵。

在讲授领导科学时，我曾用古希腊神话中皮格马利翁的故事：皮格马利翁是塞浦路斯国王，他性情孤僻，一人独居，擅长雕刻。一天，他用象牙雕刻了一座表现他的理想中的女性的美女像，名为加勒提亚。他把全部热情和希望放在自己雕刻的少女雕像身上，和它久久依伴，结果加勒提亚被他的爱感动，从架子上走下来，变成了真人，嫁给了皮格马利翁。后来，心理学家称之为"皮格马利翁效应"。我用这个故事说明对一个人传递积极的期望，就会使他进步得更快，发展得更好；反之，向一个人传递消极的期望则会使人自暴自弃，放弃努力。同时，我特别强调，作为拥有一定人事权力的管理者，应该学会赏识自己的下属，把赏识当成下属工作中的一种需要，从而使下属心情愉快、工作积极。

二、以俗语对联为切口

对联这种语言艺术，灵活鲜明，雅俗共赏，既能抒情言志，又能鼓励鞭策，音韵和谐，节奏优美，语言精练，说起来铿锵有力，耐人寻味，因而深受人民群众喜爱。把它用于政治理论教育，能提高受众的学习兴趣，有助于深刻领悟"大道理"。

在讲授新时期党员干部修养时，我曾就用对联"风声、雨声、读书声，声声入耳；家事、国事、天下事，事事关心"来论证领导干部既要视野开阔，有敏锐的观察力，又要善于学习、借鉴和吸收有益的知识和好的经验，充实积累科学文化知识。用俗语"宰相肚里能撑船"来阐明领导干部要以大局为重，遇事遇人不计个人得失荣辱的道理。用俗语"三分战略，七分执行"来说明落实执行是组织成员不可或缺的素质和能力要求。用对联"想当初，家贫如洗，无柴无米，谁肯雪中送炭；看近日，独占鳌头，有酒有肉，都来锦上添花"来讥讽势利俗风。用俗语"人无千日好，花无百日红"教育领导干部清醒明智地看待在职务升迁。

三、以新闻事件为切口

新闻事件具有突发性、时效性，容易带给人现场感、动态感、新鲜感、亲切感，极易引起普遍关注。选择跟教学内容相匹配的典型新闻事件来说理，容易使"大道理"更真实、更深入、更鲜活，有利于增强教学的延续性、指导性。

在讲授心理健康时，我每次都会结合典型的新闻事件来展开。

在讲授群众路线时，我分析了典型新闻事件中，一些干部对群众的冷暖关心不够，以至于在工作中不敢碰硬，怕得罪人，甚至执法不严、以情代法，深入分析群众工作面临的新形势、新任务、新要求，全面准确把握群众工作的特点和规律，切实提高做好新形势下群众工作的能力和水平的重要性、紧迫性。

四、以成语典故为切口

成语典故，是中华民族智慧和精神的凝聚与沉淀，其短短的几个字常常浓缩着一段史实或传说、神话，传神而引人联想，同时精辟神妙，富于哲理，含蓄地表达着人们褒贬的感情。因而使用成语典故讲解理论，不仅可以把道理讲清楚，还可以言简意赅地表达一些"不可言传"的言外之意。

我在讲党性修养时，用司马迁《报任安书》中"人固有一死，或重于泰山，或轻于鸿毛"，来引导受众牢固树立为国家、为社会、为人民、为共产主义事业奋斗牺牲的精神。在讲马克思主义哲学时，用"一叶障目，不见泰山"这个成语来说明局部或暂时的假象容易迷惑人，使人看不清事物的本质，日常工作和生活中应当牢记这个道理，力避主观性和片面性，才能准确把握事物的本质。

我在讲领导科学时，向学员详细介绍了《水浒传》中"三打祝家庄"的故事。借以告诉学员只有深入细致地调查研究，了解具体情况，找出矛盾的特殊性，针对不同矛盾用不同的方法去解决，对症下药，才能收到成效。如果用同一办法去对待所有问题，盲目而行，就会失败。

五、以数字、修辞手法等为切口

数字是客观实际的记录，它是通过统计调查、普查获得的客观情况。用数字说理有权威性、真实性和雄辩性，极具说服力，容易让人对"大道理"产生好感。

我在讲授"信仰是影响心理健康的重要因素"这个问题时，就从中国社会科学院哲学研究所做的一项《转型时期的社会伦理与道德》社会调查数据谈起。在诸多调查问题中回答"有信仰"的占28.10%，"曾有过信仰"的占22.24%，"没有信仰"的占36.09%，"不想回答"的占13.57%。"有信仰"的只占全部的28.10%，这一数字表明信仰危机不仅客观存在，而且还很严重。如果把"曾有过信仰"者也视为目前没有信仰的，那么实际上目前"没有信仰"的，就达到了58.33%，超过被调查者的半数。然后分析道：这些数字表明人们对社会的、政治的、道德的理想出现冷落化趋向，个体价值观出现务实和功利化趋向。这两种倾向说明，在社会部分群体中已经出现了信仰危机，这是导致不和谐心理音符的重要因素。由此引出促进心理健康牢固树立马克思主义信仰是根本的道理。

修辞是给"大道理"增色添彩的催化剂。巧妙运用修辞手法，可以变枯燥为生动，化腐朽为神奇，从而达到说理的目的。我在讲到加强道德修养时，就从引用孔子的"大德必得其寿"和孙思邈的"性既自善，内外百病皆不悉生，祸乱灾害亦无由作，此养生之大经也"破题，论证了道德修养对身体健康的促进作用。用"常怀为民之心，常思为民之策，常行为民之举"等排比句来阐述领导干部如何树立正确的权力观。用"名不正则言不顺，言不顺则事不成；事不成则礼乐不兴，礼乐不兴则刑罚不中；刑罚不中则民无所措手足"这种顶针句来阐述领导干部为何要完善奖惩制度及如何树立正确的政绩观。用"孩子是一群终究要离开笼子的鹰"的比喻告诫家长们尊重孩子成长规律、尊重孩子意愿才能构建和谐亲子关系。

总之，讲活"大道理"，要贴紧干部群众的兴奋点、困惑点，在切入点上下功夫。只要切入点小而准，就容易讲出"对路话"，引起干部群众的共鸣，收到良好的教育效果。

（发表于《党课参考》2008 年第 12 期）

在党课教学中用活幻灯片版面隐性语言

　　幻灯片版面作为隐性语言，是指通过版面的编排设计来传递的、能被学员间接感受到的教师对所授内容的评价、判断和态度等信息。它常通过字体字号、图片图形、色素色彩等元素来表现。作为一名基层党校教师，笔者发现，用活幻灯片版面隐性语言，是挖掘教学潜力，提高教学水平的重要途径。

一、合理调整字体字号

　　字体、字号是教师向学员示意的重要手段。字号可以显示所述内容的分量，字体则可以表明其特性，两者具有明确的内容叙述性和丰富的感情色彩。因此，每张幻灯片所选用的字体、字号，与教学设计息息相关，能将教师的思想观点、教学目的、教学思路等以特种方式清晰地传递给学员。

　　我在设计课件时，授课题目常采用大字号的黑体或隶书，其下的署名则常用稍微小点的加粗魏碑。各级标题通常按照主次顺序，统一字体，按照字号由大到小统一安排，借以突出脉络层次，推动学员整体感悟。正文则常常根据需要寻求字体和字号的灵活变化。在讲"领导干部要做落实科学发展观的模范"时，我选用了三十六号的隶书字体制作题目，用三十四号的魏碑字体来署名。题目雄浑大气，署名则典雅工整，两者层次鲜明，相得益彰，既能突出中心或主题，也能突出理论培训的思想性。在设置一级标题时，我选用了三十六号的行楷字体，借以突出主体内容。二级标题我则选用了方正舒体，轻快流畅，秀丽文雅。

而正文，则选用了三十号的宋体，轻巧纤细。各级标题字体字号既有统一，又不乏变化，但均能给人视觉舒适感，突出课堂的活泼性。课堂中间需要强调的一些有启发性的道理，我则选用同题目大小的大字号的粗楷体，挺秀均匀，简洁明了，借以引人耳目，留下深刻印象。那些注释性、补充性、提示性内容则选用了一些字号较小的幼圆、丫丫体、汉仪楷体等艺术性较强的字体，不仅能使学员在变化中实现张弛转换，而且能通过对比感性地体会内容的主次，从而有选择地深入理解相关内容。

二、合理布置多样图片

进行事例分析，我选用较多的是新闻图片、统计图表及讽刺性漫画等。我常常根据理论观点、时代特点、事件性质等挑选一些具有代表性的经典图片、权威机构的数据图表、寓意丰富的漫画等适时放映。在"领导干部要讲求心理健康"时，我谈到了社会压力给人心理健康带来的普遍冲击，于是就把"中国人力资源开发网"发布的"全国各地员工心理健康调查报告"数据图表展现给学员，它翔实客观，化抽象于具体，又极具概括性，表现出比逻辑推理更强的说服力，深刻触动了学员，使他们理解了国民心理健康对和谐社会构建的支撑作用。在讲《管理学》时，我则用不同形式的结构图，简单明了，很直观地显现出金字塔式和扁平式组织结构不同的内部管理机制，以及各自的利弊。

此外，我还常用一些小巧精致、富有含义的较小图片镶嵌在版面中，或标识标题，或提示关系，或纯粹装扮版面，造就了生动活泼、趣味盎然的版面风格，增强了课堂的审美效果。

三、倾心打造自选图形

幻灯片软件内嵌数十种自选图形。适当运用，既能有效防止千篇一律的呆滞感，使版面显得灵动、新颖、美观、大方，又能作为一种隐性语言，间接传递出理论教育工作者微妙的、深层次的心情和感受，起到强调、突出、扩张或烘托作用。

直线线形、方形、方体，具有简明单纯、端正稳健、不偏不倚的视觉效果，我常用来表现正直和坚强、挺拔和刚毅的内容和情感。曲线、流程图、星与旗帜等凹凸有致，有形状和弧度变化，常用来表示活泼、热闹、喜庆或运动的思想内容；各种标注，给人跳动、闪烁、活跃的感觉，常被用来表示补充说明、建议提示、突出强调。在讲"多视角看待奥运经济"时，我设计并使用了一些曲线、流程图、星与旗帜等图形，或做文字背景，或作文字标注，或作引导图形，形状和弧度变化多端，凹凸有致，用以突出内容的活泼、热闹、喜庆。以上这些图形的适当运用，起到了无声胜有声的独特效果。

四、协调搭配各种色彩

在版面构成元素中，色彩是最直接、最迅速、也是最敏感的因素，它往往先于文字和图形给人们留下深刻的第一印象。它同样可以传递思想情感，表达严肃庄重、热烈奔放、雄浑悲壮、欣喜快乐等特定的含义，是引导读者对内容的理解的催化剂。

我在设计制作课件时，标题和较重要的内容，常使用艺术字。在颜色方面，追求显眼雅致，既不浓墨重彩，也不会使用软件默认的单调颜色，以避免过分的"素面朝天"，我会根据内容需要用较重的冷色调，做无声强调。而处理阐述性文字，我则常用较轻的暖色调，活泼明快，含蓄地与标题形成自然和谐地对比，带给学员眼球愉悦。美学研究表明，黑与白、红与黑、蓝与橙等颜色的对比会令读者呼吸加快。我就常根据讲授内容的主次，增强或减弱色彩视觉强度的处理，编排视觉信息的层次和空间。色彩越是明快越有效果。我在讲"多难兴邦"课题时，"难"的内容，背景颜色及主副标题都选用了冷色调，以突出课题的严肃深沉。"兴"的内容，则选用了暖色调，以突出国人的信心和勇气。在此，我对大自然的敬畏、对国家对人民的挚爱虽表达无声，却传递淋漓。在讲"依法妥善处置群体性事件"时，法律条文、领导人讲话等关键性内容，我多用黑色或深蓝色文字，那些阐述性文字则选用绿、红、橙等颜色，在颜色对比中衬托关键性内容分量之重，使学员在对比中有效把握授课要点。

（发表于《党课参考》2009 年第 5 期）

第三部分

调查研究篇

大学生村干部面临的问题及对策

  2008 年 8 月份，根据中央组织部等有关部门的安排部署，我省公开选聘了 2599 名高校毕业生安排到临沂和滨州两市的农村任职。这不仅是缓解大学生就业压力的有力之举，也是培养和造就一批"对人民群众怀有深厚感情的党政干部后备人才"的有效途径，更是建设社会主义新农村的希望所在，具有重大而深远的战略意义。

  经过不同形式的岗前培训，这些大学生村干部已 9 月上旬"走马上任"。如何培养和管理好这个群体，为"大学生村干部计划"提供长期性、连贯性的支持和保障，成为各级组织亟待解决的重点问题。笔者就这个问题谈点粗浅的认识。

一、选拔任用大学生村干部的作用和成效

1. 为新农村建设打造出领跑助推的新型干部队伍

  我国农村村干部队伍，普遍存在文化素质低、年龄偏大、专业技能缺乏、服务管理理念落后等问题，这成为制约新农村建设的重要因素。选拔大学生村干部充实农村干部队伍，成为破解这一瓶颈的重要举措。大学生村干部不仅年轻有活力，而且大都具有现代理念、现代管理知识或现代科技知识，他们进入农村干部队伍，可以凭借自己的新思想、新观念、新思维、新知识、新技能，引领越来越多的农民成为有文化、懂技术、会经营的新型农民。选拔任用大学

生村干部，无疑为新农村建设打造了领跑助推的新型干部队伍。

2. 为大学生开拓了新的成长空间

近年来大学生就业形势日益严峻。他们的择业、就业观念日趋理性，日益认识到与择业就业相结合，与服务社会相结合，人生理想才能落地生根。农村地区，虽然条件艰苦，但是人才相对缺乏，为大学生直接参与基层社会事务管理提供了诸多机会。他们可以在艰苦的工作实践中增强实际工作能力，实现专业型人才向复合型人才的转变。另外，各地党委政府为大学生"村干部"合同期满后的安排出台了诸如公务员考试加分、减免助学贷款、合同期内允许自主择业等诸多优惠政策，解除了他们发展的后顾之忧，满足了他们自我发展的心理需求。再有，我国新农村建设政策日益完善，农村工作的发展前景日趋美好，这为他们保持良好的成长态势，提供了较好的客观条件。选拔任用大学生村干部，无疑为大学生开拓了新的成长空间。

3. 为提升农村工作水平开掘出新的动力

在农村工作中，大学生村干部可以充分利用自己的知识优势、技能优势和资源优势，在农村政策宣讲、远程教育管理、便民服务代理、文化活动组织等方面能发挥好作用。这样，既有利于完善规范村级班子的服务管理制度，又有利于提升村级领导班子的服务管理水平。但是，大学生村干部的最大优势在于拥有强烈的民主意识、市场经济观念、服务意识和开放意识。这些现代理念将给农村干部们守旧的思想观念以强烈的冲击，使他们主动克服狭隘封闭、目光短浅、因循守旧等不足，强化开放合作、勇于变革和敢于突破的意识，知难而进，抢抓机遇的意识。这恰恰是提升农村工作水平的根本。选拔任用大学生村干部，无疑为提升农村工作水平开掘出新动力。

二、任用和管理大学生村干部存在的几个问题

1. 角色及职能定位不够明确

大学生村干部属新生事物，对于他们在新农村建设中应当"做什么""怎样做""扮好什么样的角色"等问题，各级党委政府尚未明确定位。这导致了他们身份的尴尬：虽然身在农村，但不是村民；虽然要围绕党政机关工作重心

开展工作，但不是公务员，也不是党政领导干部。这容易使大学生村干部远离村里的决策层，缺乏对村级事务的决策权，种种设想难以实现；还容易使乡镇政府对大学生村干部随意使用，把他们当成"打杂"干部，不能突出这个群体管理村级事务的独特作用。另外，大学生村干部任职期间创办、领办私营企业，算不算"红顶商人"，应当鼓励还是限制等问题，都没有现成规章制度可遵循。以上两种情况都给大学生村干部在基层"有事可做""有事能做""把事做好"带来一定困难，容易导致挫败感，影响着他们在新农村建设中组织和推动作用的有效发挥。

2. 组织管理机制尚待完善

大学生村干部虽由所在乡镇管理，但由于身份特殊，乡镇党委政府既不能以一名普通乡镇干部去管理和要求，又不能以一名农村干部去对待和使用，在管理方法和管理制度上大多无"法"可依、无章可循。另外，大学生村干部的学习培训、政策保障、工作考核、督促检查、表彰激励等制度也基本处于探索阶段，尤其是工作考核、督促检查、表彰激励制度等尚未建立。各种制度的实施主体及其权力、责任、义务有待确定，制度之间的协调性也有待实践检验。这些情况表明，大学生村干部的组织管理体系与科学化、规范化、制度化要求还有很大距离，很容易导致基层组织对大学生村干部使用的随意性和培养管理的杂乱无章，严重者会陷入僵化。

3. 影响队伍稳定性的因素较多

就动机而言，有些毕业生做村干部只是在就业形势日趋严峻下的权宜之计，是退而求其次的无奈选择，他们看重的是政府提供的一系列优惠待遇，并非主动自愿、发自内心地想服务农村，一旦条件成熟，他们就容易跳槽。就能力而言，多数大学生村干部社会阅历和实践经验不足，创业又缺少资金，很多专业不对口，在农村难以派上用场，这很容易使他们在农村难以有所作为。就发展前景而言，虽然《关于引导和鼓励高校毕业生面向基层就业的意见》规定，"要把这批人员作为将来补充乡镇、街道干部的重要来源"。但是，各地县乡政府没有单独增加公务员编制的权力，加之乡镇事业单位超编情况普遍，这些规定落实起来比较困难，容易使大学生村干部对发展前景产生忧虑。这些因素，都冲击着大学生村干部从事这项事业的坚定性。另外，理想与现实的矛盾、村民的认同度低等因素也影响着这支队伍的稳定性。

4. 社会联动机制功能弱

目前，大学生村干部工作存在政府主动性强，社会联动性弱的局面。新闻媒体、高校、企业、金融机构、科研机构等社会各方面的积极性还没有充分调动起来，尚不能在舆论宣传、科技信息、资金扶持、技术培训、学习交流等方面为大学生村干部在农村的广阔天地干事创业提供强有力的社会支持，有利于大学生村干部创业的稳定社会环境尚未形成。另外，以上各个部门的通力合作和密切配合程度有待加强，这在一定程度上限制了这些社会资源对大学生村干部计划支撑作用的有效整合。以上因素都限制了大学生村干部在社会主义新农村建设中建功立业的渠道，缩小了他们的成长空间，容易使做村干部的价值感打折扣。

三、任用和管理大学生村干部的建议对策

1. 出台刚性规定，破除模糊身份

明确大学生村干部的身份，是使用和管理好这个群体的首要条件。"大学生村干部"计划是中央的导向性政策，相关规定很灵活的，这给地方政府根据实际情况制定相应政策，留下很大空间。当前各地应当按照中央《关于引导和鼓励高校毕业生面向基层就业的意见》精神，依据"先定身份、后定行为"的原则，尽快出台刚性规定，对大学生村干部的身份进行科学界定，使大学生村干部的干事创业、使用管理有章可循、有法可依。

2. 完善组织管理机制，促进措施配套

做好大学生"村干部"的管理制度设计，促进措施配套，是培养和管理好大学生村干部的基础。首先，要严格选拔机制，把好选聘的"入口关"。在保证公开、公平、公正的基础上，确保把有志向、有热情、有潜力、有培养前途的大学生选拔出来。其次，要加强大学生"村干部"的专业技能培训，定期进行相关法律法规、政策、农业实用技能、农村工作方法及乡村文化等方面的学习和培训，或组织他们到先进地区、先进村进行考察学习，使之及时了解三农

工作的特点、政策法规、工作方法和工作艺术，提高实际工作能力。再次，要建立监督、考核、奖惩机制。建立大学生"村干部""分类晋档、勤绩联酬"的考核体系，对工作表现突出的大学生"村干部"，及时给予奖励，对工作业绩较差、不胜任工作、村民不认可的大学生"村干部"，经严格考察确认后，予以辞退。另外，要设计好任期届满后的分流导向机制，积极开辟大学生村干部"出口"。可以鼓励大学生村干部通过考试加入到公务员队伍或者成为事业单位人员；还可以通过合法程序，引导愿意扎根农村的优秀大学生村干部进入村级班子或者出台优惠政策，鼓励个人大胆创业。

3. 加强教育引导，强化内在动力

加强教育引导，强化内在动力，是使用和管理好这支队伍的核心。可以通过报纸、电视、网络、茶话会、演讲比赛、经验交流会，甚至专题培训等途径，加强对大学生村干部的教育引导。首先，要加强对农村工作的宣传教育，使他们正确全面了解农村工作的性质、内容、状况，避免心理预期过高，造成理想和现实的巨大落差。其次，要加强就业观念引导，使大学生村干部增强职业风险意识，认识到人事制度改革将会使越来越多的"铁饭碗"将会变成"泥饭碗"，只有勤劳的双手、科学的知识、埋头苦干的能力，才是让自己生活富足，精神充实的"金饭碗"。再次，要加强价值观引导，使大学生村干部认识到金钱、地位不是衡量自身价值实现的根本标准，积极投身社会，能将个人与他人、个人与社会有机地结合起来，做到"三个有利于"，才是衡量自身价值的根本标准。第四，要引导大学生村干部挖掘自身优势，使他们认识到自己在组织能力、文化素质等方面的优势，利用这些优势促进农村人们思想观念、精神面貌的转变。第五，要加强工作定位的引导，使他们淡化"官"念，增强服务意识，甘心做新农村建设的服务员、引导员。

4. 建立社会联动机制，强化社会支持

完善社会联动机制，强化社会支持也是使用和管理好村干部的重要途径。目前，建立由组织部门指挥，全社会参与执行的社会联动机制是一项非常紧迫的任务。新闻媒体、高校、企业、金融机构、科研机构等单位应当成为社会联动机制的骨干力量。新闻媒体应发挥好为大学生干事创业提供良好舆论氛围的作用，大力宣传他们成长成才的先进事迹，增强社会对大学生村干部职业的认同度。各高校则要为大学生村干部提供交流、学习和展示平台，帮助推广经验，解决问题，解疑释惑；金融机构应当积极出台政策，为大学生村干部自主创业提供小额贷款、减息贷款、无息贷款等资金支持；科研机构则要为大学生自主创业提供科技信息、新技术新技能培训等方面的支持。组织部门不仅要大力推动以上社会力量积极行动，还应当探索建立信息沟通平台，做好工作流程安排，甚至可以成立专门的工作小组，力求让社会联动机制健康运行。

（发表于《山东人事》2008 年第 11 期）

大学生村干部要做到五个"结合"

随着中组部"十万大学生村干部"计划的实施，全国各地招聘、选派了一大批大学生到农村任"村干部"。这些知识青年，精力充沛，思想活跃，理念先进，为农村干部队伍增添了生机与活力。但由于社会阅历浅，实践经验少，大都短时间难以适应工作，出现了较长时间的"水土不服"。笔者认为，要健康茁壮成长，大学生村干部需要做到五个结合。

一、理想和现实相结合

大学生村干部大都意气风发，踌躇满志，希望在农村这个大舞台上践行自己的理想，实现人生的价值。但是，县乡干部选拔机制活力不足、农村基层生活环境恶劣、日常工作琐碎乏味、政治生态中潜规则盛行、不同社会群体认同度参差不齐等问题，加大了他们认识和驾驭复杂社会现象与工作环境的难度，容易产生挫败感、失落感、迷茫感。理想与现实的巨大反差，影响着他们角色的及时转换和工作的顺利开展。

大学生参与村干部选拔时，首先要提高对农村基层锻炼的认识。大学生村干部在农村一线干什么？就是要真心实意为百姓办实事，在新农村建设实践中成就个人。其次，应该明确到农村的发展是多方向的，选择参与选拔需要有多种价值预估和心理准备。工作中则应学会根据自身条件和客观需要，适时调整自己就业、从业的期望值，有效避免好高骛远。既志存高远又脚踏实地，既谋划长远，又立足当前。从小事做起，把远大理想的实现落实到一步一个脚印的努力之中。再次，应摒弃"镀金"的过客思想，增强扎根基层的决心与勇气。在艰苦的环境下如何去适应，是大学生村干部必须掌握的第一生存本领，也是第一工作本领。从大局出发，充分发挥主观能动性，努力适应现实，用勤奋的工作、特有的智慧去慢慢改变，才能在实实在在的工作中朝着人生目标迈进。

二、感性和理性相结合

大学生村干部年轻，有朝气，大都满腔热忱，思维活跃，接受新事物快，熟悉党的涉农政策，具有献身新农村建设的情感基础和理论功底。但是，农村工作包罗万象，农业发展任务艰巨，村务工作琐碎繁杂，村民纠葛盘根错节。解决好这些问题，远非撒播满腔热情，掌握理论知识，或者懂得政策规定那么简单。在权利影响力较弱的现实情况下，发挥好非权利因素的影响力，是大学生村干部的明智选择。感性与理性相结合，则是发挥好这种影响的最佳途径。

感性带动就是要始终保持积极心态，全身心投入到村级事务的服务和管理中，既不盲目乐观，也不畏首畏尾。遇到困难不抱怨、不退缩，自然地放下身段，把自己作为村民的一分子，虚心向他们学习，诚心与他们交朋友，以热心、真心、诚心，赢得村民的理解和支持。理性沟通就是始终保持清醒的意识、平和的心态、礼貌和亲切的态度，不随意使用对抗性语言，既尊重村民，耐心倾听，设身处地理解他们，又晓之以理，刚柔相济，切实有效地说服他们，实现有效沟通，获得他们由衷的信任和拥护，形成融洽的人际关系网，为打开工作局面奠定基础。实现两者的结合，一要培养起良好的人格素养，包括道德素养，理论素养和专业素养。二要爱生活、爱工作。能跟村民及时共情，在村民成功的时候送去微笑和赞扬，遭遇挫折的时候，送去鼓励和支持。三要发扬民主。能倾听各方面的意见，形成比较一致的决议，增强人员的执行力。

三、进取心和平常心相结合

大学生村干部肩负着党和政府的重托，承载着农民群众的殷切期待，只有在其位、谋其政，保持积极向上的进取心，才能不辱使命。但是，现行机制的羁绊、世俗功利冲击，社会浮躁心态的侵袭，容易使人急于求成、贪功求名，导致进取心蜕变为盲目攀比、争名夺利。笔者以为，保持平常心是防止进取心蜕变的重要途径。"进取心做事，平常心做人"，是大学生村干部应当追求的思想境界。

"进取心做事"，不是盲目攀比、急功近利，而是要始终保持一种不论事情大小、无论何时何地都能保持见贤思齐、知难而进、奋发向上的人生追求。"平常心做人"，不是消极被动、甘于平庸，而是尊重客观现实，尊重规律，顺其自然，不苛求事事完美，有从容淡定的自信心。平常心就是进取心的前提和基础，进取心则是平常心的延伸和体现。实现两者的有机结合，一要树立科学的得失观。没有哪一个人只"得"不"失"。"得"应从组织找根据，"失"则从自身找原因。二要树立正确的政绩观。必须牢记，真正的政绩应是"为'官'一任，造福一方"的实绩，是踏实工作，经得起群众、实践和历史的检验的实绩。三要树立正确的成功观。成功是一个相对概念。做成大事，谋成大业，是成功；在农村一线带领推动群众发家致富也是一种成功。四、当专才和当全才相结合

大学生村干部都接受了正规的专业学习，专业能力较突出。但已有的知识结构，大多远离农民急需的实用技术，与农村工作的需求也相去甚远。走上工作岗位后，许多原有的知识暂时难以广泛发挥作用。由于不熟悉农业生产，不了解农村文化习俗的特点，不会用农民的语言和村民一起工作交流，大学生村干部中"水土不服"现象普遍存在，给深入开展工作带来一定程度的障碍。所以，大学生村干部不仅要巩固已有的专业技能基础和优势，更要根据工作需要，着力加强薄弱环节，广收博取，优化知识结构。

首先要掌握政治理论、时事政治、方针政策等知识，从而提高理论思考能力，更好地把握工作规律，增强政治敏锐性、政治鉴别力，能够从政治上认识和判断形势、观察和处理问题，做到关键时刻和政治原则问题上是非分明。其次要掌握农村工作方法、农村文化习俗、农业专业技能，从而能够及时为村民排忧解难，提出认同度高的指导性意见，增强自身的亲和力、影响力、号召力。再次要掌握社会学、心理学、行政管理、领导科学等知识，从而做好组织协调工作，调动各方面的积极因素，理顺情绪，使前后左右协调、和谐，形成共同推动发展的合力；此外，还要掌握现代经济、法律法规、信息化等知识，从而准确把

握时代发展的趋势和规律，顺应形势发展要求，开拓思维空间、提高创新能力，拓展发展思路。

五、实践锻炼和理论学习相结合

大学生村干部文化知识丰富，理论水平较高，但实践经验，尤其是农村工作经验不足。到岗后，为较快打开工作局面，容易产生"主要缺少基层工作实践经验，到基层主要是好好干的问题"这种片面认识，从而患上"实践经验饥渴症"。农村工作，事务琐碎繁杂，不像机关那样有规律，更容易出现忽视理论学习的倾向。这种倾向，不利于大学生村干部的全面进步，有悖于"培养和造就一批对人民群众怀有深厚感情的党政干部后备人才"战略目标的要求。要发挥好作用，大学生村干部既要注重实践锻炼，也要加强理论学习。

首先要坚持在实践中学习，以新农村建设的难点，村民关注的焦点为突破口，发挥好理论武器的作用，探求解决问题的方法和经验，及时把积累起来的经验条理化、系统化，为更好地指导实践打下基础。其次要坚持在学习中实践，不唯书，不唯上，坚持实践标准，提高自觉运用马列主义立场、观点、方法认识、分析、解决实际问题的能力；再次要多调研、多交谈、多体会，从而及时捕捉信息、体察民情、谛听民生、尊重民意，提高执行政策的水平及组织、指挥、协调能力，更深切了解国情、省情、县情和乡情，树立起密切联系群众，求真务实的工作作风。

（发表于《现代滨州》2009 年第 4 期）

在村干部岗位上寻求人生快乐

——写给大学生村干部

日前，全国各地正在对今年选聘高校毕业生到农村任职工作做出部署，又将有数万名大学生迈出象牙塔，走进农村一线，干起村干部。尽管这是做好了充分思想准备的主动选择，但农村工作远比预料的复杂和艰辛，实际工作起来常会感觉几分快乐，几分忧愁；几分平淡，几分曲折。如何在村干部岗位上寻求人生快乐便成为即将在岗和已经在岗的大学生村干部需要直接面对和认真思考的问题。

我不由想起这样一个寓言：有一个国王，过着锦衣玉食的生活，天下所有至极的宝物美色都归于他一人。但是，他经常感到不幸福、不快乐。他很想知道怎样才能幸福快乐，便派人找来了御医。御医看了半天，给他开了一个方子，说："你必须在全国找到一个最幸福快乐的人，然后穿上他的衬衫，你就快乐了。"国王于是派大臣分头去找，终于找到了一个幸福快乐得"不可救药"的人，但是大臣们汇报说："我们没办法拿回那件能够给您带来快乐的衬衫。"国王问："为什么会这样？必须给我拿回那件衬衫！"大臣们说："那个幸福快乐的人是个穷光蛋，他从来都是光着膀子的，连一件衬衫也没有。"这个故事告诉我们一个道理：物质的快乐是有限的，精神的快乐才是无限的。它启发我们：在物质条件相对艰苦的农村，同样可以寻求诸多人生的快乐！

卡耐基曾在他的座右铭中写道："人活着不只需要面包。我亲眼所见有些百万富翁因缺乏人文精神的滋养而面临人性的饥饿；相反，有些穷人却在精神上十分富有，远非百万富翁所及——是一个人的精神令他的身体富有。"当然，谁也不能否认在一定限度内，尤其是物质水平很低的情况下，物质增加，快乐也会随之增加。但是，近年来国际学术界的多项研究表明，物质与快乐之间远不是简单的正比例关系。超过一定限度，物质给人带来的快乐就会逐渐递减直至不起作用。

其实，快乐的实质在于它是人的一种感知能力。现实生活中各种正面与负面事件总是杂糅在一起，能否去"负"取"正"，清晰感知到现实生活的美好，关键在于增强对快乐的感知能力。

感知快乐，要对生命有所敬畏。只有拥有对于生命的敬畏之心，才能时时处处感受到人生的高贵与美好，珍惜生命赐予我们的一切，在平凡的工作岗位上拓展空间、丰富自我、体现价值，领悟出不平常的人生哲理，挖掘出不竭的人生乐趣。

严格的选拔程序，激烈的岗前竞争，常让大学生村干部这个在竞争中脱颖而出的群体过多感受了自己的竞争优势，而忽略了社会给予的各种支持，对自己的岗位也缺乏应有的珍惜。其实，这个岗位是由很多部门和很多人托着的。在选拔任用大学生村干部的过程中，有不同层次学者的调研、思考、呐喊，有各级领导的探索、斟酌、决断，有各类组织的策划、推动、实施。这个链条上哪一个节点出现问题，都可能让大学生村干部计划束之高阁。现在的大学生村干部们或许至今仍奔走于人才市场，或奔走于各类考场，经受着考试的煎熬。想想国家、社会给予这个群体的积极关注关怀、切实指导帮助，再看看华尔街数十万白领的失业和再就业窘境，我们就会发现村干部这个平凡岗位的不平凡之处。它既可以作为人生的新起点，又可以作为人生的立足点。让我们可进，又可退。如此宽松之政策，如此自由之平台，我们如何不珍惜？以珍惜眼光审视这个看似平凡的岗位，职业幸福感才会生根发芽！

感知快乐，要有发展的眼光。辩证唯物主义告诉我们：根据实际情况的变化不断调整自己的尺度和标准，才能保持分析和判断的准确性。发展的眼光如同一个"快乐转换器"，能让我们排除各种负面干扰，理顺情绪，给自己积极心理暗示、自我激励，从村干部这个平凡岗位上寻找人生快乐。

随着大学生就业量的逐渐增加和政府机关公共职位资源日益稀缺，过去大学生毕业直接进机关，"皇帝女儿不愁嫁"的预期将变得越来越难以企及。选择毕业后服务基层和乡村，效力于农村发展是一种符合社会发展潮流的理性选择。如果用发展的眼光看待农村，看待村干部这个岗位，我们就会发现国家在变，农村在变，如今的农村已经不是六十年前贫穷落后的农村。有越来越多的大学毕业生到此大展手脚，成长为百姓爱戴的新型"领头雁"，其中许多已被提升到各级领导岗位。目前，从基层一线培养选拔干部的导向基本形成，基层一线逐渐成为培养干部、培养人才的主阵地，使大学生村干部下得去、待得住、干得好、流得动的机制正在形成并逐步走向完善。如果用发展的眼光看待村干部这个岗位，就会发现它突出的过程特色，这段经历就会成为能力养成、经验获取、意志锻炼、走向成功的重要过程。以这种眼光审视大学生村干部岗位，就会放眼未来，感觉到人生的希望、生机和快乐，将工作的艰辛、琐碎、单调，适时转化为舒适、丰富、精彩。

感知快乐，要有坚定的信仰。我们常常误认为树立坚定信仰仅仅是党和国家事业的需要，其实这种认识是不全面的。信仰还是人自身内心的需求。只是因为它具有根本性，所属层次高，不像吃喝娱乐等浅层次需求一样会有较多场合和心境让人容易意识到。但我们必须牢记这种需要既不能被取消，也不能被替代。

农村工作包罗万象，农业发展任务艰巨，村务工作琐碎繁杂，村民纠葛盘根错节，很容易把我们的工作热情消磨殆尽，工作快乐也随之溜走。只有坚定自己的信仰，才能为工作热情注入不竭动力。只有如此，才能把眼光定位在贡献新农村公共事业的发展上，将创造业绩、提高农村福利水平作为自己生涯规划的起点，而不是将选择的出发点仅仅放在短期可视的利益上。唯其如此，才会不把大学生村干部的相关政策单单看作利益刺激，对一时的得失斤斤计较或者因此烦躁不安，闷闷不乐，而是不断赋予农村工作新的人生价值和意义，把人生变成一场少忧寡虑的快乐之旅。

（发表于人民网·中国共产党新闻网 2009 年 7 月 24 日）

大数据网格化服务管理工程助推
社会治理转型升级
——以阳信县金阳街道办事处为例

党的十八届三中全会提出了"完善和发展中国特色社会主义制度，推进国家治理体系和治理能力现代化"的总目标，乡镇街道作为社会治理的前沿阵地，在该目标实现过程中发挥着基础性作用。如何创新社会治理，提升社会治理水平，成为各地乡镇街道急需加强研究和实践的重大课题。近几年，传统社会管理模式弊端日趋明显，各地都在积极探索现新的社会治理方式。这种背景下，网格化管理作为新模式，逐渐在全国范围内推开。该模式依托原有行政组织结构而进行，既不增加管理层级，也不增设职能部门，而是强调整合原有职能部门的服务资源，特别是强调加强横向协作能力，从而实现服务流程再造，大大提升了基层社会治理的效率和水平，为基层社会治理提供了新的治理理念和思路。

在住建部遴选的试点地区中，北京东城、上海长宁、湖北宜昌、浙江舟山等地的做法最具代表性，为基层乡镇街道创新社会治理积累了可资借鉴的经验。由于地理位置、经济水平、文化传统、社会习俗等方面的区别，网格化管理模式体现出了鲜明的地域特色：北京东城模式体现出从维稳到社会治理所有领域逐步扩展的循序渐进特色，以及人财物及信息化投入高、精准定位、快速处理的特点；上海的长宁区在北京东城经验的基础上，突出了社区党建工作；湖北宜昌在汲取前两个地区经验的基础上，突出了人性化服务的特色；浙江舟山则突出了管理与服务并重的特色。

2014年底，在全县群众满意度考核中，阳信县金阳街道办名列全县乡镇办第一名。究其原因，在于他们听民声、解民忧、纾民困，以实际行动赢得了群众的拥护和支持。2015年，他们在已有经验的基础上，探索实施了"大数据网格化为民服务工程"，并将其扩展升级，探索出一条"大数据网格化服务管理模式"，推动社会治理从粗放式到精细化、从静态固化到动态活化、从被动应对到主动作为、从事后处置到事前预防"四大转变"，实现了社会治理的转型升级。笔者走进金阳街道办事处，实地调查，深入座谈，此后，反复思考研究，撰写此文，意在总结经验，提出前瞻性意见，发挥好党校教师的参谋资政作用。

一、主要做法

（一）科学划分网格

一是确定划分网格的标准。为切实打通联系服务群众"最后一公里"，金阳街道党工委针对"干部包村"工作机制存在的工作量与工作任务、难度不均衡等问题，多方征求意见，集中研讨，最终决定由"干部包村"向"干部包户"转变。按照"完整、便利兼顾均衡、差异"的原则，综合考虑"人、地、情、事、资产、组织"等因素，依照"村庄为纬、户数为经"这个基准划分网格。二是建立网格化服务管理的框架体系。根据以上标准，整个街道101个大小不同的行政村，11623家农户，被划分成122个社会治理的"小网格"，每个网格平均包含100家左右的农户。同时，将8个工作片作为社会治理的"中网格"，将整个街道作为1个"大网格"，建立起三个层级的网格化框架体系。

（二）搭建信息平台

一是人员下沉，搜集信息，整理数据，描述民情。2015年初，街道党工委统一编制引发了"金阳街道'大数据网格化为民服务工程'工作台账"，分发给每位网格服务管理员。该台账主要包括三张统计表格：村基本情况统计表、群众家庭情况统计表、走访群众记录表，包含农户7大类（户籍资料、近亲属状况、收入及就业、优抚社保、党建群团、计生信息、宅基土地等）、38项基本信息，要求每人在 2014 年"社情民意大调研"活动入户走访基础上，充实完善，并及时上报。二是搭建"信息管理服务平台"，进行数据统计汇总。街道党工委主动与网络通信公司接洽，一期投入 18 万元，购买了电脑、手机等硬件，安装了信息数据库、外勤助手等软件，运用信息化手段，搭建起"街道党工委信息服务管理平台"，安排专人管理，及时收集汇总网格管理服务员上报的信息，最终汇集成包含全街道 11623 户信息的"大数据"。三是为网格服务管理员配备工作专用手机。为保证信息传递快捷畅通，更新及时到位，街道党工委为每名网格服务管理员发放带有 GPS 定位系统的专用手机。通过手机"外勤助手"软件，将所走访村、走访群众的基本情况、村内突发情况、户情变动情况的数据及图片等信息及时传送到服务管理平台。

（三）建设组织体系

一是成立"大数据网格化服务管理工程"领导小组。为便于该项工程有力开展，2015 年初，街道党工委成立了"'大数据网格化服务管理工程'领导小组"，由党工委书记任组长，街道主任任副组长，其他班子成员任成员。领导小组主要负责"大数据网格化服务管理工程"的顶层设计，制定工作方案和工作制度，推动形成"大数据网格化服务管理工程"的管理体制和组织协调机制。二是建立起"大""中""小"网格三级服务管理体系。领导小组立足实际，指导建立了"小网格""中网格""大网格"三级服务管理体系。每个小网格管理员直接联系 100 家左右的农户，实现了干部联系农户全面覆盖、点点对接；每个中网格服务管理员，既承担小网格服务管理员直接联系农户的责任，又帮助指导管辖范围内每位小网格服务管理员开展工作；街道党工委书记任大网格管理服务员，除承担直接联系农户的责任外，还负责指导帮助小网格服务管理员和中网格服务管理员开展工作。三级服务管理员均承担"倾听民声、宣讲政策、为民办事、促进和谐"四项责任。他们直接回应群众诉求，解决群众困难，调节群众矛盾，处理应急事件，并实行"首接制"，要求小网格服务管理员成为接待群众咨询、帮助群众解决问题的第一责任人，要求不推诿、不转嫁责任、不上交矛盾。对于一时实在解决不了的问题，记入"民情台账"，然后按照由易到难、由轻到重、由小到大的原则，从小、中、大网格服务管理员逐级介入，初步形成"联系无遗漏，服务无缝隙、管理无盲点"的工作格局，让百姓小事不出村，大事不出办事处，难事不出县。为保证管理服务的连续性，街道党工委规定只要机关干部岗位不调整、工作不变动，所联系的农户也不变，一包到底，长年联系。一旦有变动，前任要和后任要做好工作交接。

（四）整合管理服务

"大数据网格化服务管理工程"启动后，街道党工委以网格为基本单位，根据村民反应的实际需求，为群众提供医疗卫生、教育培训、优抚优待、畜牧养殖、安全生产、电子商务、农作物种植、渔业水产、农机农资、法律咨询等服务，要求网格服务管理员"事事有回应，件件有着落"。2015 年，将结合全县开展的"春风计划""计划生育百日会战""农村环境综合整治""农村土地确权颁证""农村环境综合整治""第一书记驻村帮扶""养老服务体系建设""海河迎查""生态城镇建设""智慧阳信建设""十件实事"等工作部署，整合各种服务资源，开展每月一次的"组团式服务"。同时，将社会治安、社区矫正、计划生育、信访维稳、村务公开、村民自治、生态保护、法治建设、金融安全监管等事项纳入每个小网格来管理。目前，各个部门可以同使一个信息服务管理平台，共享"大网格"关于 11623 户的大数据，分散于各个部门的社会服务管理职能得到整合，由"单干"变为"一体运作"，实现了"管理服务一体化"。

（五）制定配套措施

一是精心制定工作方案。领导小组研究确定方案初稿后，下发到工作片征求意见，根据反馈意见修改后，再下发给每名机关干部征求意见，根据反馈的意见再次修改后，在街道办公开栏公示三天，再次征求党员群众意见，最终确定工作方案，做到了既符合党工委意图，又充分尊重干部意愿。二是建立网格服务管理员直接联系群众制度。为便于网格服务管理员和群众间互动联系，街道党工委通过向村民发放便民服务联系卡，在公开栏公示网格服务管理员姓名、职务、电话等信息，让群众和网格服务管理员建立起直接联系，使群众感到干部服务随时在身边，并采取集中走访和分散走访相结合的方式，跟农户经常联系。三是明确网格服务管理员的工作纪律要求。领导小组对各级网格服务管理员提出了"四严""四不""五一律"的要求（一是严肃政治和组织纪律，要求做到"四不"：不说不利于团结的话、不做有损形象的事、不干扰基层组织正常工作、不扰乱基层工作秩序；二是严肃走访纪律，要求做到"三个严禁"：严禁他人代访，严禁走过场，严禁弄虚作假；三是严肃群众纪律，要求做到两个"注重"：注重把握群众思想脉搏、用群众听得懂的语言进行沟通、用群众信得过的方式处理问题，注重自身形象，谦虚谨慎，艰苦朴素，保持良好精神面貌和工作作风；四是严肃廉政纪律，要求做到五个"一律不准"：一律不准在联系村就餐饮酒，一律不准多辆公车同时进村，一律不准层层陪同迎来送往，一律不准收受礼品，一律不准瞎指挥、乱表态），确保群众切实感受到机关干部作风在优化。四是建立督导考核制度。领导小组一方面通过信息管理平台和工作手机，对网格服务管理员服务群众的时间、位置、方式、现场情景进行立体式监督。另方面组织专门力量，通过公开电话、现场督导、受理投诉等方式进行定期和不定期的明察暗访，定期通报检查情况，并通过查阅入户手册及数据、群众评议、干部评议等途径，对网格服务管理员的工作进行考评，作为全年评先树优的参考依据。

二、主要成效

（一）夯实了科学决策基础

"大数据网格化服务管理模式"集成了农村地区的政治、经济、文化、社会、生态等领域的信息资源，传递了群众的基本诉求，反映了群众的思想动态，不仅能为各项管理与服务走进群众心坎儿，使管理与服务更加精细化、人性化，让群众在服务中体验更多"获得感"，更为街道党工委对海量信息进行分析研判，发现以往难以察觉的事物运行规律，进而预测工作动向，进行科学决策提供了重要的数据基础和信息支撑。如今，街道党工委谋划发展、专题讨论、部署工作、落实任务、分配责任、督导管理等工作事项都要以各级网格综合数据的分析研判为前提，量化的大数据让街道党工委决策时做到情况明、底子清、摸脉准，保障了决策好、指挥灵、办实事。

开展"大数据网格化服务管理工程"以来，网格服务管理员们在走访过程中，了解到农村群众集中反应的问题之一是浇地难。经过各级网格管理员上上下下的研究讨论，街道党工委决定在全办推行"新型灌溉工程"。该工程表现出明显的优势：一是"三节约"：节约用水，节约劳动力，节约经济成本。该工程采用微型电脑控制供水单位，用PVC管道代替明渠，能有效避免渠系渗漏导致的水资源浪费问题，还便于老人和妇女操作，让青壮年有更多精力用于工业生产或服务业经营。使用这种新灌溉方式，农民每亩地所需费用将降低一半左右。二是方便有序。使用新技术，农民持卡即可登记、操作，一人值守看畦口就行。有力预防了无序抢水带来邻里纠纷，让农民实现了方便有序浇地。三是能增加村集体经营性收入。该工程采用政府向公司买服务、并监督公司运行的方式运作，经营收入的一部分纳入村集体，开拓了增加村集体经营性收入的新渠道，突破了制约农村社会事业发展的瓶颈，为村级社会事业发展奠定了物质基础。该工程已在王集西街实践成功，正在武庙、赵集前街、盖王、城北候等十个村推广使用，计划到2016年10月底，在整个辖区范围内全部推开。

（二）增进了社会管理效能

"信息管理服务平台"具有智能化、实时处理海量数据的能力，既可以避免联系群众活动中对村民基础信息的重复采集，减少对村民的骚扰，减轻机关干部的负担，还可以避免从繁多的信息档案中查阅管理服务对象基础信息的烦琐，甚至可以唤醒一些利用率偏低的"休眠信息"，省时、省力、省功、省钱。除信息查询外，工作人员和相关部门可以借助平台数据库进行关键字索引并快速定位，然后通过手机短信等手段让有关人员及时收到信息，如同开辟了社会管理的"快车道"，大大提升了管理的效能。目前，街道的社会治安、计划生育、食品安全、生产安全、旅游产业发展、土地使用、村集体三资、社区矫正、环境监管等管理工作，都借助于"信息服务管理平台"来传递信息、汇总数据，实现了资源共享、综合管理，使街道党工委社会管理所依据的数据资料更加全面，有效避免了条块分割和信息孤岛现象，大幅度提升了工作效率。

开展"大数据网格化服务管理工程"以来，街道党工委在分析过去信访数据的基础上，对可能的信访隐患和苗头性问题进行分析预测，确定了重点管理人群，然后通过信息平台了解涉稳情况，做到了各村形势及时了解、即时报告、即时处置、及时化解，掌握了信访工作的主动权。2015年4月，街道党工委实现了人口和计划生育工作"百日会战"活动与"大数据网格化服务管理工程"的对接。他们利用网格服务管理员入户走访的机会，多侧面、多角度了解流出已婚育龄妇女的去向、流出目的、从事职业、准确的联系方式、在外居住地、生育意愿、思想动态等，对有流出躲生可能的人员列为春季查体重点监控对象，加大了管理督导力度，增强了政策外生育的防控力度。

（三）提升了社会服务水平

大数据服务可以将民政、社保、教育、林业、食品安全、公安、卫生、工商、国土、司法等部门建立的信息数据库加以归集、整合、转化，为高效服务管理提供了信息化保障。网格化服务管理，一方面有利于专人负责地挖掘、处理和分析信息数据，快速准确把握服务对象的公共服务需求，并实时定位公共服务的重点对象，最大限度满足服务对象需求，从而实现"纵向到底"。另一方面有利于充分利用信息管理平台，打破职能部门之间边界，实现了服务管理"横向到边"，还能帮助街道党工委迅速找到社会服务体系中的薄弱环节及服务流程中的遗漏缺憾，然后在此基础上完善公共服务体系和具体的服务流程，使公共服务能够靠前接近最有需要的重点人群，增强了公共服务的针对性和人性化，提升了社会服务水平。现在大到群众的婚丧嫁娶，小到群众的衣食住行都可以通过大数据网格化服务管理平台来快速传递信息，让群众诉求和干部服务信息流畅运转。

网格管理员在入户走访的过程中，发现交通难也是农民反映比较集中的问题。街道党工委决定克服财源基础薄弱、财政收入规模小等困难，优先解决。现正结合农村环境综合整治工作，推进道路硬化工作，2015年新增受益村庄39个，到2015年底，辖区内101个村庄将全部实现道路硬化的目标。对尚未开展道路硬化的村庄，街道党工委要求负责的网格服务管理员，做好街道道路硬化工作计划的宣传和解释工作，让群众了解工作进程，使他们对街道党工委工作既充满希望，又能耐心等待，避免因为沟通不畅，而招致群众失望和埋怨。2015年4月，网格管理员在走访过程中了解到武庙村知同九元九批发部事业发展迅速，已有800多人的销售队伍。经理王知同打算从实体经营，向兼顾电商经营转变，原有的经营场所容纳量不足，销售队伍急需扩展，很需要外界帮助。东大寨村范延寿开办的华星锁业在发展中也遇到同样的制约。街道党工委得知后，决定行政手段和市场手段双管齐下，帮助他们进入街道商贸园区生产经营。随着网格服务管理员走访范围的扩大，越来越多的群众亲身感受到了街道党工委主动上门、便民利民的服务。

（四）密切了党群干群关系

大数据网格化服务管理以"网罗民声、了解民情、化解民忧"为手段，全面及时传递党的声音，与群众保持随时随地、多层次沟通，及时了解群众生产生活中的热点和难点问题，畅通沟通渠道，回应群众诉求，最大限度地解决基层群众的各种实际问题，使社会管理方式从粗放向精细转变，构建出干部群众之间的细腻的情感之网。

2015 年以来，街道党工委在每个村的公开栏公布了联户各级网格管理员的姓名、电话、职务等信息，群众有事可以直接联系到联户的网格管理服务员。2 月份，借助春节这个村民回乡团圆、亲人团聚的传统节日开展了网格管理员对群众的走访慰问活动。同时要求网格管理员主动走访、电话寻访、解决问题回访等方式，每月至少跟所负责的农户联系一次。因为大数据网格化服务管理推动工作格局由封闭向开放转变，外围监督和内部监督力度随之自然加大，所以，机关干部不得不摒弃躲着矛盾走、绕着困难转的思想，改变浮在机关、高高在上的行为习惯，摒弃得过且过、不思变革的思想，改变被动应付、生搬硬套的行为习惯，摒弃急功近利、好大喜功的思想，改变华而不实、浅尝辄止的行为习惯，从源头上克服"四风"问题，改进工作作风，使党群干群关系更加密切。开展"大数据网格化服务管理工程"以来，处理完岗位常规工作后，自觉主动入户走访，成为街道所有机关干部日常工作的新常态。

三、亟待推进的几项工作

（一）加强顶层设计，促进共识

笔者在调研中发现，街道党工委机关干部对"大数据网格化服务管理模式"的认识不尽一致。一种观点认为，推进大数据网格化服务管理有利于精细化管理，有利于形成合力，提高工作成效，是新形势下加强社会治理的创新举措，值得推行；另种观点认为，网格化管理增加了协调难度，可能会加剧条块矛盾，只要切实抓好岗位责任制，做到奖惩分明，服务管理同样有成效。目前，不少干部对于"大数据网格化服务管理工程"的认识，只停留在新的技术手段、新的工作安排、新的考核办法、新的奖惩举措层面，对这种社会治理模式所蕴含的内在价值理念，以及它对传统思维方式和管理行为的挑战、对干部角色、职能和体制外力量重新定位等认识不足。该模式深度推进、纵深发展关键在于上下同欲，因此，逐步统一思想，是当前面临的最紧迫问题。解决这个问题，更重要的是在于加强理论学习和实践研究，深化认识，完善顶层设计。

（二）整合社会资源，扩大参与

推进"大数据网格化服务管理"工程，需要整合各种社会资源，健全工作机制，增强联动，才能使其发挥好规模大、系统性、动态化的优势。行政上，如何打破部门界限，在网格上实现条块联动；管理上，如何科学配置管理人员，广泛运用信息技术，走出"人海战术"的怪圈；制度上，如何增强可操作性，杜绝"虚办""空转"，防止产生"新瓶装旧酒"效应，让新机制、新模式发挥新的实际效能；在程序上，如何明确工作流程，达到严密规范；组织上，如何提高社会动员能力，进一步扩大村居、社区单位、社会组织和群众参与等等；技术上，如何做到软件硬件逐渐升级，提升技术含量，让手动操作真正变为"无级变速"，保障有效运转，推进信息更新，做到利用信息而不泄露信息。这些都是进一步推进过程中面临的重要课题。

（三）强化民情研判，及时应对

"大数据网格化服务管理模式"重在及时了解民意，在第一时间发现问题及其隐患，并迅速应对，及时解决，真正做到将问题扼杀于萌芽状态，把矛盾化解在基层。部署阶段性工作任务，安排主题式服务，开展培训工作，提升为民服务工作能力，对敏感问题统一口径，妥当答复，对工作部署，督导推进，这些事关服务管理工程有效性的事项，无一不需要以民情研判为基础。及时建立起民声民意分析研判、快速交办、跟踪督办、结果反馈以及办理考核等机制，成为金阳街道党工委下一步工作的重点之一。

（四）完善评价机制，激发活力

目前，街道党工委对于"大数据网格化服务管理"工程确定了奖优罚劣的思路，也形成了一些具体的制度规定。但是，该工程是一种基层社会治理的创新实践，核心是以人为本、服务为先，群众满意不满意是衡量其效果的最高价值标准。因此，最重要的一环就是确保群众反映的问题有反馈、有落实，提升群众满意度。这就需要街道党工委结合工作进程，适时完善奖惩机制，增强群众满意度在考核办法的权重，利用多元化考核主体以及多样化的考核手段，对全办大数据网格化服务管理工作完成情况建立起主、客观相结合的监督评价体系，进而对网格服务管理员的工作做出客观公正的评价，建立评价体系和奖惩体系的互动，持续激活干部服务群众的自觉性和主动性。

四、几点启示

（一）搞好社会治理，必须敢于担当，激发出新动力

习近平总书记多次强调，责任担当是领导干部必备的基本素质。当前，我国正处在经济转轨、社会转型的特殊时期，社会矛盾呈现出高发和多元态势，社会服务和管理的压力不断增大。有效化解矛盾，维护社会稳定，促进农村发展，是做好社会治理工作的重要课题。金阳街道党工委在群众利益多元化、工业经济规模小、农村集体经济薄弱、村级班子发展不平衡、干部晋升渠道有限等困难面前，事不避难，勇于担当，奋进向前，借助信息技术和管理创新倒逼党员干部改进工作作风，最大限度地把党员干部敢于担当的精神激发出来，为全县打造有活力、有激情的基层领导班子和干部队伍积累了经验。

（二）搞好社会治理，必须勇于创新，谋划出新思路

创新是发展的动力，进步的源泉。没有创新，就难以实现发展和跨越。金阳街道党工委主动适应经济社会的深刻变化，把握新常态，"走出去"问道取经，"引进来"鉴别吸收，开动脑比较反思，敞开心切磋谋划，探寻社会治理规律，以信息化建设为突破口，大胆谋划新思路、新办法，创造出符合金阳街道实际的社会治理模式，为全县各乡镇办在新型城镇化背景下构建全方位、多层次的社会服务管理体系，实现社会治理转型升级提供了良好借鉴。

（三）搞好社会治理，必须抢抓机遇，打造出新优势

十八大以来，党中央以新的理念、新的方式推进社会治理创新，要求坚持系统治理、依法治理、综合治理和源头治理，使我国的社会治理步入"新常态"。中央鼓励地方、基层积极探索社会治理新路径、新办法这种形势，为全县创新社会治理预留了较大制度空间。金阳街道党工委凭借较强的机遇意识，乘势而上，从方便群众、服务群众入手，真心实意为百姓排忧解难，增强了党组织的凝聚力、号召力，凝聚了各种发展力量，打造出新的组织优势和社会优势，为全县积极适应"新常态"，实现新作为，拓宽了思路。

（四）搞好社会治理，必须真抓实干，创造出新成效

社会治理是一项庞大而复杂的系统工程，要想发挥最大效益，人的因素最重要。只有实干苦干，才会出成效。金阳街道党工委务实管理，在"真"和"实"上下功夫，把实干精神落实到"大数据网格化服务管理工程"的各个环节、各个细节上，实现了分工精细化、服务精细化和管理精细化，为全县巩固和拓展党的群众路线教育实践活动成果，搞好村级治理体系和治理能力建设，提升社会治理水平，更好地服务百姓、改善民生，做出了示范，树立了标杆。

（2016 年山东省党校系统结项课题；
2017 年获得"滨州市第二十六次优秀社会科学成果奖"）

提升干部年度考核工作水平的实践与思考

如何科学有效地考核评价干部，真正发挥考核工作的"指挥棒"和"风向标"作用，是各级组织部门的重点课题。我县组织部高度重视干部考核工作，将其作为激发干部队伍活力、推动科学发展的动力源，在改进和完善领导干部考核机制上进行了有益的探索。根据安排，我们考核五组一行四人对具有司法权或行政执法权的十个县直部门的领导干部进行了 2015 年度考核。在即将结束之际，我们全面审视本年度的干部考核工作，做了一些思考和总结，期待以文辅政，为我县干部考核工作体系建设做些贡献。

一、我县 2015 年领导干部年度考核工作的新特点

今年，县委组织部根据上级新精神、新要求，结合我县实际，及时完善考核办法，调整考核指标，使领导干部年度考核工作呈现出几个新特点：

1. 探索实行"干部考核 + 干部工作专项调研"的工作模式

为更全面了解领导干部工作运行和表现状况，本次年度考核尝试采用了"干部考核 + 干部工作专项调研"的工作模式。一是沿用传统的干部考核方法。要求考核组像往年一样，对领导干部总体状况的民主测评、对后备干部座谈推荐情况做汇总，然后根据考察情况对干部做出总体评价，写出领导干部考察材料和后备干部现实表现材料；二是增加了"干部工作专项调研"内容。要求考核组对干部工作做深入调研，全面深入了解干部的工作实绩、工作作风、优势特长、

主要不足、干部本人对组织的意见和要求、所在单位主要领导对其所做的评价、是否有乱作为不作为等方面的情况，进而对班子调整提出意见。同时，要求考核组通过座谈发现优秀的女干部、非党干部、少数民族干部。这种工作模式，有利于进一步摸清全县干部队伍家底，全面掌握干部的干部思想及工作状况，分析研判领导干部队伍结构，发现和储备优秀干部，梳理和总结科学管用的干部培养选拔机制，为今后调整优化班子、加快培养干部奠定了坚实基础。

2. 探索建立"干部综合评价量化指标体系"

本次年度干部考核沿用了以往常用的定性指标，但尝试探索用量化的数值来定性考核结果，实现了定性和定量的结合，初步形成了一个"干部综合评价量化指标体系"。一是对领导干部的民主测评指标进行了定性和定量设置。此次考核首先民主测评指标设置为"总体评价"和"作风评价"两大类定性指标，然后将"总体评价"设置"优秀""适应""基本适应""不适应"四个等级，并被分别赋予5分、4分、3分、2分，将"作风评价"设置为"担当有为、比较担当有为、不够担当有为"三个等级。对领导干部的座谈评价则保留了"总体评价"这一项指标。在计算考核分数时，首先按照下面的公式计算出领导干部会议民主测评和个别谈话测评部分的分数："得分 =（优秀票数 ×5+ 称职票数 ×4+ 基本称职 ×3+ 不称职 ×2）/ 总票数"，然后按照"年度考核分 = 会议民主测评得分 + 个别谈话得分"这样的公式计算出领导干部的年度考核分。二是突出了领导干部评价的综合性。此次考核将会议民主测评、个别谈话测评、单位主要负责人评价、考核组评价、单位实绩考核等按照其重要程度，分别被赋予不同程度的权重。三是探索建立"一考三评"的结构模式。考评方式为一项考核（组织考核）、三项评价（全体干部大会民主测评、中层人员以上座谈评价、主要负责人座谈评价）组成，变组织部门"单一考核"为干部群体广泛参与的"多元考评"，实现了全方位立体考评；四是初步形成了一个"干部综合评价量化指标"计算公式。该公式为"领导干部考核结果 = 单位实绩考核 ×30%+ 主要领导评价 ×30%+ 年度考核分 ×2+ 年终考核组评价 ×20/15"，通过该公式，最后以量化方式计算出每名领导干部年终考核总成绩。

3.探索实行干部分级分类考核

本次干部年度考核在评价对象的分类上进一步细化，首先根据干部所在单位职能，对考核对象进行分类，根据不同部门、不同岗位、不同职责和任务，将考核对象分成乡镇、党委综合部门、群团组织、经济建设管理部门、涉农工作单位、政法及执法监督部门、公共管理及服务、垂直管理单位等八类，分别进行评价考核。然后，将领导干部划分为单位主要负责人、领导班子其他成员和其他科级干部两个层次，分别用不同的计算公式计算其考核分数。对于单位主要负责人，实行"个人年度考核成绩与班子考核、中心工作考核及单位实绩考核成绩挂钩"政策，突出了主要负责人在单位发展中的"一把手"责任。对于其他班子成员和其他领导干部，不仅实行个人年度考核成绩与中心工作及单位实绩考核成绩挂钩政策，而且强调了单位主要负责人对它们的评价，让单位负责人评价在个人考核分数中占30%的比例。此举规避了以往考核对象在同一层次、考核内容单一的弊端，使评价分析更具针对性、灵活性，实现了考核指标设计的"差异化"。

二、亟待完善的几个方面

1.考核指标的精细性需进一步增强

主要表现在大会民主测评和座谈评价环节。在该环节，评价指标设置存在"千人一面"现象。尽管进行大会民主测评时，在"填表说明"中提出了领导干部的评价标准，即要求参评者对照习近平总书记提出的"信念坚定、为民服务、勤政务实、敢于担当、清正廉洁"的好干部标准，根据"德、能、勤、绩、廉、法"等方面表现情况对领导干部做出评价，但在具体测评表格中，民主测评环节的评价指标分为"总体评价"和"作风评价"两个板块，"总体评价"设置为"优秀、称职、基本称职、不称职"四个档次，"作风评价"设置为"担当有为、比较担当有为、不够担当有为"三个档次，座谈测评指标则只有"总体评价"一项指标，也被设置为"优秀、称职、基本称职、不称职"四个档次。这让"评价标准"展示不全面、不具体，反而在落实为"评价指标"后，变得更加简单笼统，体现共性较多，表现个性较少，差异性和可比性变弱；尤其是对不同职级、不同类型、不同岗位的领导干部，都用这个相同的量化指标，领导干部的个性能力和政绩差异未能得到准确体现。

2. 考核手段的有效性需进一步增进

一是考核深度需要进一步加大。考核过程中多偏重于述职述廉、查阅资料等常规静态方法，对暗访调查、民意调查、跟踪了解等一些灵活有效的措施采用得少，不能全方位、多角度地对干部的道德品质、业务能力、作风表现等进行综合评价。二是定量考核与定性考核的准确性有待进一步提高。尽管采用了定性和定量相结合的办法进行考核，但在具体操作中，由于缺乏必要的专业技术手段，客观上导致了考核的一定偏差。比如，在对优秀副科级干部和副科级干部后备人选进行推荐和考察时，推荐座谈票用量化的方式体现了对该人选的认可度，但在对其进行全面考察时，由于缺乏必要的专业测评手段，座谈对象往往只能三言两语简单笼统地评价其特点，所举例证也常常不够翔实准确，导致对考察对象思想政治素质方面的一些深层次问题了解和掌握不够，在一定程度上影响了考核的准确性。

3. 考核人员的专业性需进一步提升

领导干部年度考核涉及面广，任务繁重。因此，县委组织部门从工作性质相近的县人社局、编办、党校等部门抽调人员参加了此次考核。临时抽调的考核人员占全体人员 65.5%，这些人员大多对干部考察工作不熟悉，甚至不了解，一些参与过该项活动的人员也主要停留在经验层面，对干部考核的工作制度、程序规范不甚了解，访谈中识人察人能力也不够强，在面对可以自主的操作空间时，往往由于资历阅历、兴趣爱好、价值取向、思维方式不同，在对考察对象的评价上出现"仁者见仁，智者见智"的情况，使干部考核表现出一定程度的主观性，影响着干部考核工作的准确性和权威性。

三、对策建议

1. 细化考核指标

一是将"德能勤绩廉法"六位一体的考评指标进一步细化，使考核结果更加直观、具体地反映领导干部个人实际，形成更加有效的评价体指标体系。具体设置建议如下：

德：细化为"政治立场、党性修养、理论水平、职业道德、群众观念、群众口碑、家庭美德、社会公德"等8个评价要素，每个要素划分为"优秀、良好、一般、差"四个等次，依次分别记4、3、2、1分。

能：对于领导班子成员，细化为"总揽全局、科学决策、组织协调、贯彻执行、开拓创新、知人善任、处事应变、求真务实"等8个评价要素，对于普通领导干部，则细化为"开拓创新、贯彻执行、组织协调、处事应变、专业学习、团队协作、求真务实"等7个评价要素。每个要素均划分为"优秀、良好、一般、差"四个等次，依次分别记4、3、2、1分。

勤：按照勤勉履职程度，划分为"优秀、良好、一般、差"四个等次，依次分别记4、3、2、1分。

廉：对于普通领导班子成员，细化为"落实主体责任、个人清正廉洁"2个评价要素，对于纪检书记，则细化为"落实监督责任、个人清正廉洁"2个评价要素，对于普通领导干部则设置"清正廉洁"1个评价要素。对每个要素均划分为"优秀、良好、一般、差"四个等次，依次分别记4、3、2、1分。

法：细化为"法治思维、依法办事"2个评价要素，划分为"优秀、良好、一般、差"四个等次，依次分别记4、3、2、1分。

二是专门设置加分指标、扣分指标，使定量指标与定性指标结合更加紧密。对在本年度内因工作实绩突出，受到表彰的领导干部，在考核中给予加分。受到本单位系统内或有关单位系统内上级机关单项奖励的，国家级、省级、市级、县级分别加20、15、10、5分，因同一事项多次得到表彰奖励的，只按最高奖励等次加分一次。受到党委政府综合表彰奖励的，国家级、省级、市级、县级分别加25、20、15、10分，因同一事项多次得到表彰奖励的，只按最高奖励等次加分一次。对于本年度考核获得"优秀"等次的领导干部，加10分。对因违纪受到党纪处分的领导干部，按照"警告、严重警告、撤销党内职务"顺序分别给予减5、10、15分。对因违纪受到政纪处分的领导干部，按照"警告、记过、记大过、降级、撤职"顺序分别给予减5、10、15、20、25分。对因同一事项同时受到党纪政纪处分的，只按最高处分减分一次。

三是将考核中的"称职"等次进一步细化为"称职（上）、称职（中）、称职（下）"三个等次。我们在考核中发现，一些领导干部因为身体健康原因，长期请病假，甚至年度内从未在岗履职，常获得较大程度的宽容和理解，民主测评和座谈评价时几乎每票均获"称职"等次。而另一些领导干部潜心履职，取得了较突出实绩，因为名额限制，也最终获得"称职"等次，这样导致考核结果区分度降低。鉴于"基本称职"等次影响到工资晋级、尚未有上级正式文件明确年度内因病不能正常履职人员考核等级为"基本称职"，建议进一步细化"称职"的等次，增强考核的区分度。

2. 完善考核手段

一是借助心理学专业的他评量表来测评领导干部的人格特点，准确了解其优点和不足。量表见附件。

二是建立干部考核和纪检监察机关、政法机关、审计部门联动机制。这样有利于帮助使考察组通过组织渠道准确掌握领导干部违纪违法信息，同时可以对在座谈中了解的属于主观猜测、捕风捉影的情况，予以澄清，进而准确客观把握领导干部实际。

三是委托社会中介进行民意调查。可委托省统计局或某市的社情民意调查中心，对全县领导班子干部开展服务对象满意度调查，拓宽信息渠道，同时为解决"带病上岗"问题开辟新途径。

四是加大干部考核的科技支撑力度。干部考核指标细化，使考核指标变得烦琐庞杂，考核人员普遍感觉时间紧，任务重，需要用过多的精力处理数据，对数据、对座谈信息进行分析研判投入不足，影响着干部考察材料的质量。采用科技手段做支撑，可帮助解决该难题。首先，可以在民主测评环节，引入"答题卡"测评模式，由"答题卡阅卷机"对民主测评环节的分数进行汇总。再次，可以根据我县干部考核实际，委托有关机构设计开发干部考核软件或购买已经开发的软件，既可以减少信息重复登记带来的失误，又可以提高工作效率。

3. 培训考核人员

一是专题学习考核方案。"干部考核＋干部工作专项调研"工作模式对干部考核程序、考核内容、考核的有效性、考核的全面性、考核的准确性都提出了新要求，对于以"外行"为主体的干部考核队伍来说，急需深入学习，准确把握。建议由熟悉本方案的人员，以"专题讲座＋答疑"的形式带领全体干部考核人员进行学习。

二是专题学习座谈技巧。座谈考核有力弥补了量化考核不能反映考核对象内在素质、发展潜力、潜在政绩等方面的不足，让领导干部考核呈现出立体丰富的特点。但对考核人员的座谈技巧要求较高。建议在提供座谈通用讲稿的基础上，挑选经验丰富的组工干部，对全体考核人员进行座谈技巧培训，使考核人员能根据座谈对象的个性特点，找准谈话切入点，营造良好的谈话氛围，掌握谈话主动权，把握谈话分寸，尽可能多地获取有价值的信息。

三是专题学习考核材料的撰写思路、方法及艺术。考察材料是对领导干部考察结果最直接、最全面的呈现。容易面面俱到，流于概念性的套话，不能准确传神地描述被考察者的主要特点、主要实绩，出现千人一面现象。建议挑选经验丰富的组工干部，对全体考核人员进行干部考察材料撰写思路、方法及艺术进行专题讲座，指导考核人员在撰写干部考核材料中做到"像、准、实、精"。

附：性格特点描述表

填表说明：下面表格包含40组性格特点描述词语，请根据你对平时的实际表现，在每组的四个项目中选择其中一个来描述其性格。注意两点：1. 我们只想了解被评价对象的性格类型，各个类型各有优缺点，但总体上没有高低好坏之分；2. 只能在每组描述词语中选择一个。

1	□生动	□富于冒险	□善于分析	□适应力强
2	□好娱乐	□善于说服	□坚持不懈	□平和
3	□善交际	□意志坚定	□自我牺牲	□顺服
4	□易使人认同	□喜竞争	□体贴	□善自控
5	□易使人振作	□善于应变	□受尊重	□含蓄
6	□生气勃勃	□自立	□敏感	□满足
7	□推动者	□积极	□善计划	□富有耐性

8	□无拘无束	□喜肯定	□有时间性	□羞涩
9	□乐观	□坦率	□井井有条	□迁就他人
10	□有趣	□喜发号施令	□忠诚	□友善
11	□可爱	□勇敢	□注意细节	□待人得体
12	□令人高兴	□自信	□有文化修养	□贯彻始终
13	□富激励性	□独立	□理想主义	□无攻击性
14	□感情外露	□果断	□深沉	□尖刻幽默
15	□喜交朋友	□发起者	□音乐性	□调节者
16	□多言	□执着	□考虑周到	□容忍
17	□精力充沛	□领导者	□忠心	□聆听者
18	□惹人喜爱	□喜领导他人	□制图者	□知足
19	□受欢迎	□勤劳	□完美主义	□和气
20	□跳跃型	□无畏	□遵守规范	□平衡
21	□露骨	□专横	□忸怩	□乏味
22	□散漫	□无同情心	□不宽恕	□缺乏热情
23	□唠叨	□逆反	□怨恨	□保留
24	□健忘	□率直	□挑剔	□胆小
25	□好插嘴	□急躁	□无安全感	□优柔寡断
26	□难预测	□无同理心	□不受欢迎	□不参与
27	□缺乏一贯性	□固执	□难于取悦	□犹豫不决
28	□放任	□自负	□悲观	□平淡
29	□易怒	□好争吵	□孤芳自赏	□无目标
30	□天真	□鲁莽	□消极	□冷漠
31	□喜获认同	□工作狂	□不善交际	□易担忧
32	□喋喋不休	□不圆滑老练	□过分敏感	□胆怯
33	□生活紊乱	□跋扈	□抑郁	□腼腆

34	☐缺乏毅力	☐不容忍	☐内向	☐无异议
35	☐杂乱无章	☐喜操纵	☐情绪化	☐沉闷
36	☐好表现	☐顽固	☐有戒心	☐缓慢
37	☐大嗓门	☐有统治欲	☐孤僻	☐懒惰
38	☐不专注	☐易怒	☐多疑	☐拖延
39	☐烦躁	☐轻率	☐好报复	☐勉强
40	☐善变	☐狡猾	☐好批评	☐好妥协

智慧阳信建设现状及建议

2015 年，智慧城市建设上升为国家战略。我市积极响应，将智慧滨州确定为战略目标，并写进《滨州市国民经济和社会发展第十三个五年规划》。各县区、各部门从各自工作实际出发，启动了一批项目，推动智慧滨州建设落地生根。阳信县作为我市智慧城市建设的领跑者，取得了显著工作成效，智慧城市建设工作机制初步形成，基础设施建设稳步推进，支撑性产业项目正在崛起。对智慧阳信建设进行专题调研和系统思考，对滨州个县区搞好智慧城市建设具有一定的现实意义。

一、智慧阳信建设现状

1. 目标引领，项目带动，构建智慧阳信建设体系

为推行新型城镇化，有效提升城市管理水平，2013 年 1 月起，我国正式启动智慧城市创建工作。自此，全国各地智慧城市建设如火如荼展开，并取得引人瞩目的成绩。阳信县委、县政府积极响应国家、省、市"智慧城市"建设要求，开始启动智慧阳信建设工作。

一是战略上谋划，做出建设智慧阳信的战略决策。阳信县委、县政府顺应科技、经济、社会发展形势发展潮流，将智慧阳信建设作为具有先导性、带动性、规模性的重大产业和战略突破口，2014 年 10 月，做出了建设智慧阳信的战略决策。

二是总体上布局，着力构建智慧阳信建设四大体系。阳信县委、县政府着眼全县发展大局，以整体性思维、系统性思维和协调性思维，谋划智慧阳信建设，构建了智慧阳信建设的四大体系。该体系以智慧阳信综合信息处理中心为核心，由信息基础保障体系、智慧政务体系、智慧计民生体系、智慧经济四大体系构成，包含 32 个子项目。

三是项目上突破，带动智慧阳信建设。阳信县委、县政府以基础好、见效快的项目建设为突破口，以点带面，有序推进智慧阳信建设。截至 2016 年底，一期基础平台的 8 个子项目全部建成使用。目前，二期政务民生等 12 个子项目正在稳步推进。预计 2017 年建成应用。

2. 共建共享，有序开发，加快智慧阳信建设步伐

阳信县坚持以政府为主导、企业为主体，鼓励社会资本、社会组织充分参与"智慧阳信"建设，实现共建共享、互惠共赢，有序开发，稳步推进智慧阳信建设。

一是将市场机制引入智慧城市建设。"智慧阳信"项目采用政府与社会资本合作（PPP）模式建设。政府负责智慧城市项目的规划、投资、管理，企业按照市场机制运作、经营智慧城市资产。这种运营模式，有效地解决了智慧城市建设和运营维护中的一系列难题。

二是加强组织领导，统筹各方力量。2015 年 6 月，成立"智慧阳信"建设领导小组，由县政府主要领导担任组长，分管领导担任副组长，19 家相关单位组成。负责协调"智慧阳信"项目建设情况，及时解决项目建设中遇到的问题和困难，推动有关部门和单位参与到智慧阳信建设中来。

三是按计划分步骤推进智慧阳信建设。阳信县委、县政府计划利用七到十年时间，以智慧阳信综合信息处理中心为核心，建设基础信息保障、智慧政府、智慧民生和智慧经济四大体系。目前，一期项目基本到位，智慧阳信综合信息处理中心、四大体系基本形成。

3. 建管并举，软硬齐抓，打造智慧阳信建设"大脑"

智慧阳信建设需要运用信息和通信技术手段感测、分析、整合全县运行核心系统的各项关键信息，从而对民众的各种需求做出智能响应。阳信县委、县

政府多措并举，努力打造智慧阳信建设"大脑"。

一是在建管并举中作强作实基础设施建设。阳信县委、县政府秉承"三分建、七分管"的理念，一方面，投入四千万元进行信息化、智能化、数字化建设，搭建起智慧阳信云中心机房、核心数据平台；另方面通过构建"主体明确、制度健全"的管护体制，基本实现"有人管、管得好"。2015 年 5 月，成立了阳信县智慧城市建设管理中心，将该组织作为智慧阳信建设的专责机关，牵头负责智慧阳信建设的综合协调和开发管理，同时，与山东易华录公司签约，由该公司负责技术支持和服务。

二是在软硬齐抓中汇聚全县基础数据库。阳信县委、县政府在打造智慧阳信建设硬件平台的同时，启动了智慧阳信建设的数据收集、存储、处理、利用以及大数据价值开发等工作，大力推动大数据资源在工业和信息化、社会发展等各个行业和领域的应用与发展。目前，已独立开发出社情民意及精准扶贫动态管理平台、智慧城管平台、民生服务平台产业经济平台。2017 年，还要加快五大数据库的基础数据汇入对接工作。

三是在数据研判中打造智慧阳信建设"大脑"。充分发挥硬件建设在城市状态实时监测、城市异常智能预警等方面的优势，对城市交通、基础设施、公共安全、生态环境、社会经济等数据进行深度挖掘和综合研判，实现各类社会事件跨层级、跨地域、跨系统、跨部门的协同管理和服务，实现真正的智慧治理。借助这样的智慧"大脑"，将智慧阳信城市运行管理中心打造成全县城市服务中心、信息化推进中心、应急智慧中心。

二、存在的困难和问题

1. 顶层设计不够完善

智慧阳信建设涉及很多因素，在规划、建设和管理上都特别强调系统性，这就需要政府进一步明晰思路，对智慧阳信建设进行系统、全面和科学的规划，提供前瞻性的指导，并进一步制定出具体的行动目标和行动策略。在这方面，阳信县于 2014 年编制了《阳信县智慧城市建设顶层设计和技术方案》，通过了省级智慧城市专家评审。2016 年，阳信县委、县政府把智慧阳信建设确定为战略目标,写进十三届党代会和政府工作报告。但《阳信县智慧城市建设顶层设计和技术方案》侧重于技术方面的指导与规划,对于如何分步推进、如何科学考核、如何划分建设职责、如何监管、如何运营、如何保障等工作,阳信县尚未做系统规划。以至于人们对智慧阳信建设目标认同度高,对智慧阳信建设的内涵、战略意义、构成要素、建设模式、路径选择、各自职责、评价指标等有关内容认识模糊,各自从自己的角度来理解智慧阳信建设,相关认识存在分歧。

2. 智能基础设施相对滞后

基础设施是承载智慧城市运行的重要载体,就全县目前状况而言,阳信县基础设施智能化水平不足,在一定程度上影响了智慧城市的整体推进。一是信息基础设施建设水平有待提升。电信、广电、互联网各自为政,"三网融合"进展缓慢,重复建设普遍,农村地区信息基础设施普及率低,移动盲区仍大量存在;二是道路、交通、供水、排水、燃气、园林、环卫等大部分市政基础设施未进行智能化升级改造,对城市精准化运行管理的支撑力度有限;三是智慧基础设施体系规划建设缺乏有效的协调。现实中水、电、路、通信等设施建设因分属不同的部门和行业,在实施过程中仍然各自为战、自成一套,共享性较差,既影响了基础设施的合理布局,又制约了城市综合功能的充分发挥。

3. 信息资源过度分散

目前,智慧阳信建设所必需的核心大数据资源,如地理空间信息、人口、企业、交通、环境、医疗、教育、农业、养老等信息大部分掌握在政府各个部门手中,他们将数据看作是部门的私有财产,出于信息保密、部门利益等种种考虑,不愿共享给其他部门,更不愿对公众开放。另外,与传统的信息化系统提升"自己人管自己人"的办公效率相比,智慧阳信建设则采用大数据、移动互联、云计算、社交等新潮流技术,增强与公众的互动,服务功能更加突出,对各部门服务水平和服务能力带来全方位挑战和巨大压力,他们进行信息公开的内生动力不足。如今,数据部门私有化比较普遍,信息孤岛现象突出,这种状况成为智慧阳信建设的主要障碍。

三、对策建议

1. 加强顶层设计，完善管理体系

智慧阳信建设是系统工程，需要不断地完善、发展。不仅需要大局意识、前瞻意识和先进理念的支撑，更需要科学系统地做好顶层设计。建议尽快完善阳信智慧城市建设顶层规划，使智慧阳信建设有章可循，并通过行政手段，加大统筹推进力度。可以在充分比较研究的基础上，分析全县信息化基础、建设智慧城市所具备的条件、存在的主要问题，综合考虑阳信县发展地位、地区优势，加强顶层设计，完善管理体系。一是编制出台并向全县印发《智慧阳信建设总体发展规划》《智慧阳信建设十三五规划》，进一步明确智慧阳信建设的战略定位，细化近期、中期和远期战略目标，构建出智慧阳信建设的目标体系。二是编制出台并向全县印发《关于进一步加快智慧阳信建设的实施意见》或《智慧阳信建设行动计划》，明确轻重缓急，突出建设重点，细化智慧阳信建设的行动路线，明确相关单位职责，调动各方面积极性，形成建设合力；三是编制出台并向全县印发《智慧阳信建设评价指标体系》，推行智慧阳信建设主导项目和主导产业评价指标以及相关行业技术标准体系，客观评价智慧城市发展效果，引导智慧阳信建设朝着正确方向发展。

2. 推进基础设施建设，提升智能化水平

基础设施是智慧城市建设的根基，是城市实现智慧化、信息化发展的先决条件，是决定智慧城市建设成功与否的关键因素。建议通过组织手段，完善县级层面跨部门统筹协调和沟通配合的工作机制，打破行政区划、部门分割和行业限制，有效推动智慧阳信基础设施建设。一是及时更新智慧阳信建设领导小组领导及成员单位。由领导小组统筹解决好"有钱办事、有人办事"问题，紧密结合成员单位工作职能，对智慧阳信基础设施建设重点任务进行分工，推动各成员单位对基础设施进行智能化改造和各类系统的整合，逐步构建起全要素、全过程、全动态的智能化管理模式。二是建立智慧阳信建设联动机制。制定《智慧阳信建设部门联动制度》《智慧阳信建设项目推进工作制度》，整合各部门公共基础设施资源，大力推进全县基础设施一张网覆盖，及时调度和推动有关部门智能化建设。三是充分利用山东易华录公司在核心软件开发、数据挖掘与决策支持、系统集成与运营服务等方面的智力支持，推进智能基础设施全面对接，信息数据分类汇总。

3. 打破信息孤岛，推动数据共享

智慧阳信建设的关键点在于将分布在不同方面的数据整合在一起，通过深入挖掘、系统研判，综合分析，实现科学决策，从而达到提升社会治理水平，更好地为群众服务的目的。打破信息孤岛，实现数据共享，成为智慧阳信建设的核心环节。建议出台《智慧阳信信息资源共享管理办法》，规范和促进阳信县公共数据资源开放共享。一是建立科学的信息管理制度。由智慧阳信建设管理办公室加强对各部门信息资源的整合工作，建立规范标准的公共数据库，并为各部门制定统一的信息技术标准，对信息资源进行整体规划和统一部署。二是建立科学的信息分类标准体系。由智慧阳信建设管理办公室从城市整体运行效益的角度出发，建立信息分类标准，指导各部门明确共享数据、上报数据、发布数据、保密数据和交换数据等内容，调动各部门共享与应用数据的积极性。三是建立信息安全保障体系。由智慧阳信建设管理办公室为整合共享信息资源提供安全保障，包括身份认证、访问控制管理、数据灾备、数据监管等方面的保障工作，建立并实施信息安全等级保护制度，落实信息安全责任制，并建立相应的安全保密管理制度。

总之，智慧阳信建设处于起步阶段，相关理论和建设方案尚不成熟，在分析其发展现状、现存困难与问题的基础上，完善顶层设计并采取相应行动策略成为当务之急。

深化认识凝聚共识合力推进智慧阳信建设

县委、县政府做出建设智慧阳信战略决策以来，这项工作取得了阶段性成果，目前正在加速推进。鉴于一些先行城市对智慧城市的战略意图和内涵特征认识模糊，导致这项工作在推进中出现偏差甚至搁浅，笔者建议县委、县政府现阶段在深化认识、凝聚共识方面下功夫，增强建设智慧阳信的工作合力。

一、推进智慧阳信建设，迫切需要深化认识、凝聚共识

从国内外智慧城市建设实践看，只有技术手段与思想理念相互配合，才能取得最佳效果。智慧城市建设需要利用物联网、云计算、大数据等解决技术层面上的"数据集中和共享"，更需要破除公共权力部门化、部门权力利益化等体制弊端给"技术融合、业务融合、数据融合"带来的现实羁绊。从国内智慧城市建设试点工作实际来看，破除制约智慧城市发展的体制羁绊、机制束缚、利益藩篱，解决体制机制的不适应、不协调，比打通技术上的信息壁垒往往更加重要，也更难实现。

我县智慧城市建设见事早，政府部门积极性高、行动快、有亮点，但已有的《阳信县智慧城市建设顶层设计和技术方案》侧重于技术方面的指导和规划，但政策和制度层面的系统研究和设计不足，对于如何科学考核、如何划分部门职责、如何运用、如何保障等工作，尚未做系统规划。各部门对智

慧城市建设的内涵、战略意义认识不一，对其构成要素、建设模式、建设路径、各自职责、指标评价等有关内容认识模糊，对其复杂性、系统性认识不足，以至于各部门缺乏全局性的统筹规划和通盘考虑，站在各自立场上去理解和行动，各自为战，力量分散，合力推进力度较弱，这成为未来智慧阳信建设最大的掣肘因素。这种问题会随着工作的推进日益凸显。比如，现实中除治安、交警和城管等部门已接受统筹协调实现了共建共享外，水、电、路灯、教育、医疗等诸多部门和行业，仍各自为战、共享性较差。它们出于种种考虑，坚持数据为己所有，信息孤岛现象明显。缺乏信息数据的互联互通，智慧城市"智慧"何来？

实践证明，智慧城市建设关键不在于硬件设施的物理一体化，而在于管理体制、协调机制、运营模式的一体化。实现这样的一体化，需要县委、县政府引领各部门进一步深化认识，在深化中凝聚共识。如果不能澄清模糊认识，清除错误认识，深化正确认识，那么，指望各部门深度推进智慧城市建设，实现管理体制、协调机制、运营模式的一体化，无疑是奢望。

二、智慧阳信建设认识现状

尽管智慧阳信建设取得了阶段性成果。但总体来看，智慧城市在我国是新生事物，仍处于发展初期。严格意义上讲，国内尚没有全面成功的案例。因此，人们对于智慧阳信建设不太熟悉，总体呈现出这样的状况：群众不了解，干部存分歧。

从调查来看，多数群众对智慧阳信建设的现状与相关信息了解甚少，对城市具有"智慧"感觉模糊。大多从个人角度来智慧阳信建设。一种认识是对智慧阳信建设持肯定态度，认为智慧阳信建设就是让人们工作生活更方便。另种认识是对智慧阳信建设持怀疑态度，认为智慧阳信建设可能是新瓶装旧酒，主要谋求上级财政支持而已。

各级干部对智慧阳信建设的认识要比普通群众深刻一些。他们能大致了解国家推进智慧城市建设的战略目标，能从县委、县政府积极响应国家要求角度肯定智慧阳信建设战略。但对于"什么是智慧城市""智慧阳信是什么""谁来建"等认识分歧较大。第一种认识从技术角度出发,认为智慧城市是信息化、智能化水平更高的城市。智慧阳信就是建设一个信息化、智能化水平更高的阳信。智慧阳信建设是信息部门的事,需要他们不断提升技术水平和服务水平。第二种认识从城市管理角度出发,认为智慧城市就是要通过先进的信息技术,提升城镇管理水平。智慧阳信建设就是要增强我县城镇的管理实效。这是建设部门的事,需要他们把城市管理得更精确、更敏捷、更高效。第三种认识从便民为民角度出发,认为智慧城市建设就是要通过更高水平的信息技术,为居民、企业和社会提供更及时、更高效的服务,改善居民生活质量。智慧阳信建设就是要改善社会民生。这是系统工程,需要社会各方面积极参与。

三、深化认识,凝聚共识,形成合力的对策建议

思想是行动的先导,只有认识到位,行动才会自觉。笔者以为,当下最紧迫的任务就是在智慧阳信建设方面深化认识,凝聚共识,形成建设合力。建议从以下几方面做起:

一是将智慧城市建设主题纳入县委理论中心组学习安排。邀请专家着重从政策和制度层面系统介绍智慧城市建设的意义、国内智慧城市建设现状、国内外智慧城市建设经验及其对我县的启示,请我县智慧城市管理办公室介绍智慧阳信建设取得的成果及遇到的困难,争取在县级干部层面达成共识。

二是召开智慧阳信建设理论研讨会。由县政府办公室牵头,智慧阳信建设管理办公室和县委党校承办,召开智慧阳信建设理论研讨会。要求智慧阳信建设领导小组成员单位及其他单位参加。引导有关部门干部在研讨中深化认识,达成共识,明确责任,增强使命感。

三是举办智慧城市建设成果展览。由智慧阳信建设管理办公室策划、布置、承办,在商务中心大厅举办智慧阳信建设成果展览,让各级干部了解智慧城市建设,愿意参与到智慧阳信建设中来。

四是加强宣传教育。通过电视、广播及网络、社交媒体,向社会宣传智慧阳信建设,提高政府、企业、市民对智慧城市理念的认同度和参与建设的协同度,充分发挥集体智慧和力量。

　　五是尽快完善顶层设计。由县委、县政府组织安排部门和人员编写《智慧阳信建设总体发展规划》《智慧阳信建设行动计划》，展示县委、县政府推进智慧阳信建设的政治意志，向社会公开征求意见，通过民主决策，汲取众人智慧。

建设智慧城市提升社会治理水平
——以山东省阳信县为例

我国正处于城市化高峰期，城市让许多人梦想成真，然而，也出现了交通拥堵、治安混乱、管理粗放、应急迟缓等城市病，这些问题单靠传统的城市管理模式已难以有效解决。智慧城市理念的提出及其实践，为提升城市治理水平、促进城市健康快速发展提供了新理念、新思路、新方法，逐渐成为创新社会治理和提升城市品质的新途径。2014 年以来，阳信县积极贯彻上级提升社会治理水平的决策部署，创新思路，积极探索，以智慧城市建设为依托，更新管理理念，改进管理方式，完善管理手段，探索建立了以智慧城市建设为依托，提升社会治理水平的工作格局。

一、主要做法

阳信县着眼全县发展大局，以解决当前城市社会管理的突出问题为切入点，坚持因地制宜和高点定位相结合，顶层设计和实践探索相结合，技术创新与机制创新相结合，力促城市管理和公共服务实现更透彻的感知、更全面的互联、更智能的应用和更高效的运行。

1. 以智慧技术引领管理创新，升级城市治理体系

物联网、云计算、大数据和泛在网络四种智慧技术的快速发展及其在城市管理领域的逐步渗透，正在改变城市管理的生态环境和运作模式。阳信县以建设智慧城市为契机，用智慧技术来引领管理创新，构建更加高效的城市

治理体系。

启动智慧城市建设以来，阳信县从经济社会发展大局出发，聚焦城市执法、治安、交通、环保等工作重点难点，积极运用智慧技术进行提升改造，全面提升城市治理水平和运行效率。目前，通过智慧城管、智慧治安、智慧环保、智慧消防等项目建设，综合运用多种智慧技术，收集、存储、处理城市管理数据，对城市状态实时监测、城市异常进行智能预警，然后对城市基础设施、公共安全、生态环境、交通安全等数据进行深度挖掘和综合研判，实现了各类社会事件跨层级、跨地域、跨系统、跨部门的协同管理和服务，向智慧治理迈出坚实步伐。下一步将完善集感知、分析、服务、指挥、监察"五位一体"的智慧城市总体架构，大力推进物联网、云计算、移动互联网等新一代信息技术应用，积极探索维基、社交媒体等社会工具以及综合集成研讨厅等方法论应用，大力推进城市管理精细化、智能化、社会化，进一步提升城市社会治理体系运行效率。

2. 以智慧思维布局民生服务，升级民生服务体系

智慧技术意味着新技术的使用，也意味着资源的高度整合和流程再造，智慧技术带来的互联网思维、物联网思维、大数据思维等，正在逐渐改变着公共服务提供者的思维方式。阳信县以智慧城市建设为契机，用智慧思维改进思维方式，提升民生服务水平，构建更加完善的民生服务体系。

县政府以让公众生活得更安全、更健康、更便捷、更文明作为智慧城市建设的最终目标，搭建起民生服务平台。该平台通过"互联网＋政务""互联网＋民生""互联网＋商务"，提供面向公众的云服务。政府充分发挥网络便捷性、即时性和交互性优势，通过各种公共基础设施及时搜集与民生相关的数据，整合行政审批、便民服务、电商信息等公共服务及企业信息，为公众提供交费、审批、咨询等各种生活服务，还通过该平台倾听民意，发布新闻，以此为基础，逐渐打破了政府部门间的信息孤岛，让大数据、云计算等智慧技术随时随地地为个人、企业和社会组织提供在线政务服务，实现了"让数据多跑路，让群众少跑腿"，逐步打通服务群众的"最后一公里"，让群众切实感受到更加优质、便捷、高效的服务。下一步将继续拓展政府部门在民生服务平台的服务项目，录入更多县城区域及乡镇区域的商户信息及创业信息，大力推进民生服务网络

化、智能化、个性化，进一步完善民生服务体系。

3. 以智慧手段维护社会稳定，升级治安防控体系

智慧技术的传播与普及，为维护公共安全和社会稳定提供了更多样、更便捷、更精准、更高效的管理手段，这些手段为从源头上消除安全隐患、减少不和谐因素，从严从细做好治安防控，维护社会稳定提供了强有力的技术保障。阳信县以智慧城市建设为契机，以智慧手段为抓手，坚持预防为主、标本兼治、综合治理，构建起更加严密的治安防控体系。

县政府着眼平安阳信建设，在整合现有治安防控资源的基础上，规划建设了全县统一的视频监控平台。该平台整合了"数字城管""治安监控""交通监控""市政监管"等功能，采用万米单元格网络管理法，实现了城市治安管理的精确、敏捷、高效、全时段、全方位，既节约了投资，又增大了视频覆盖面积。可以通过该平台了解道路交通、重点部位与公众场所治安的直观信息与实时的动态情况，并进行数据分析研判，使公安110报警、区域联网报警、城市治安系统、交通指挥系统有机联动，在维护社会安定、打击犯罪等方面发挥重要作用。下一步将继续借助智慧手段，进一步健全治安管理、城市管理、交通管理、应急指挥等联动机制，着力打造情报预警、舆情掌控、预防犯罪、安全监管为重点的智慧管控格局。

4. 以智慧方法推进党建创新，升级基层党建体系

智慧技术以其大容量、高速度的信息传递方式迅速渗透到社会各个环节，深刻改变着人们的生活习惯、思维方式、组织方式和行为方式，也深深地影响着党的建设。阳信县探索运用智慧方法，实现党的组织建设、思想工作以及党员教育、党员管理、党员服务、党员活动的网络化、智能化、规范化，开辟智慧党建新路径，使基层党建体系进一步优化升级。

阳信县基于智慧城市发展规划，构建了智慧党务平台，该平台由两个内网平台、三个外网平台、一个用户管理系统构成，实现屏上、网上、掌上三位一体的党建综合应用系统，实现电视、网络、手机三屏互联互通。通过该平台构建贯穿市、镇街（县直部门）、村（社区）三级党组织，打造纵到底、横到边，全方位、立体化党建工作阵地，推进党务公开，实现党建无纸化办公和党组织、

党员精细化管理与教育服务。下一步将通过自媒体、多媒体、手机视频等各种新兴传播方式，构建网上思想舆论阵地，传播主流价值观，牢牢把握话语权，实现党建宣传的智慧化，还将通过网站、移动终端，开展网上党校和远程教育，使党员群众随时随地学习、分享、互动和交流，实现党员教育的智慧化。

二、初步成效

阳信县顺应城市社会结构变化新趋势，依托智慧城市建设，创造出系统、智能与共享的城市治理构架，实现了城市治理技术化与社会化的深度融合，助推社会治理上水平、见实效。

1. 更新了社会治理理念

智慧城市建设实践倒逼政府部门治理理念从经济主导型向社会服务型转变，使社会治理从人的需求出发，围绕着调动人的主动性、积极性、创造性，以实现组织目标和促进人的全面发展为目的，突出服务意识与服务理念。全县各部门正在悄然摈弃行政本位意识，逐渐树立起以民为本理念、有限政府理念、民主开放理念，不断根据社会经济发展的特点和要求，创新服务方式，提升服务水平。

2. 健全了社会治理格局

智慧城市建设提供的智慧技术以及催生的制度安排，帮助县政府及乡镇街道更好地统筹社会力量、调节社会关系、规范社会行为，将政府治理、社会调节和公众参与结合起来，将物质层面的利益协调与精神层面的共识凝聚结合起来，将"共建"的治理过程与"共享"的治理目标结合起来，政府的主导作用日益增强，人民群众参与社会治理的积极性日益提高，逐渐构建起全民共建共享的社会治理格局。

3. 提升了社会治理效能

全县智慧城市核心数据平台及五大基础数据库的建立，有效打破了条块分割和信息孤岛现象，将各委办局及企业等纵向孤立的数据抽取和整合到政务数据中心，逐步形成全面覆盖、动态跟踪、互融共享、功能完善的综合信息系统，实现了各部门网上信息和服务项目有效整合，为政府分析研判社会形势、进行应急指挥和科学决策提供实时、翔实的数据信息支撑，大幅度提升了社会治理效能。

4. 夯实了社会治理基础

将党建工作纳入智慧城市建设布局，为党的建设开辟了新领域，使党的建设掌握了占领网络阵地的主动权。全县党建信息平台、党员教育平台、公共服务平台的整合及调度管理机制的建立，不仅让各行业、各领域党员都能参与到党组织生活中来，满足了不同层次、不同领域、不同行业党员的个性化需求，还让党建工作有效渗透到社会治理的各个领域，形成了党建工作引领社会治理、社会治理助力党建工作的良性循环，夯实了社会治理的基础。

三、体会和启示

党的十八届三中全会强调"创新社会治理，必须着眼于维护最广大人民群众的根本利益，最大限度增加和谐因素，增强社会发展活力，提高社会治理水平"。阳信县智慧城市建设的探索实践，为实现这个改革目标，积累了有益经验。

1. 理念更新是前提

随着物联网、云计算、大数据、移动互联网的发展，传统的信息化和网络概念已经远远不能适应信息技术发展给社会和人民群众生活带来的巨大变化，城市管理和居民服务模式也必须做出积极响应。阳信县把握时代趋势，顺应形势要求，通过智慧城市建设倒逼政府部门及工作人员全面领会先进大数据等相关理念、培养与之相对应的思维方式，这为提升社会治理能力、推进社会治理机制创新提供了有利条件。

2. 掌握数据是基础

大数据时代，如果没有掌握大量的基础数据与信息或者政府掌握的信息与数据不能及时更新，政府和各个社会主体就不能真正及时了解社会的各种需求，也无法规划和选择合理的提供服务的路径与方式。实践表明，社会治理所需的数据和信息迅速增长，阳信县坚持建管并举，软件建设和硬件建设协调推进，打造城市治理的"智慧大脑"，提供了创新社会治理和提升公共服务所需的大量基础数据与信息，为政府创新社会治理打下坚实基础。

3. 协同整合是关键

目前，智慧技术在众多领域和部门得到广泛应用，如果没有统一协同整合，容易各自为战、无序建设，形成彼此割裂的信息孤岛，严重制约共建共享社会治理格局的构建。阳信县在智慧城市建设中成立专职部门，优先搭建综合性信息平台，实现了跨系统的资源整合、跨部门的业务协同以及跨领域的公共服务，促进了智慧技术与社会治理实践的有效融合，这是构建共建共享的社会治理格局的关键。

4. 服务民生是根本

维护群众根本利益，促进社会公平正义，最大限度增加和谐因素，确保社会安定有序，是建设智慧城市和创新社会治理的根本原则。阳信县推进智慧城市建设，依靠更透彻的感知、更全面的互联、更智能的应用和更高效的运行，着力解决好群众最关心、最直接、最现实的利益问题，推进基本公共服务均等化，让群众感受到行政效能提升、公共服务改善的便捷和实惠，充分调动了公众参与社会治理创新的积极性，让社会治理在创新道路上行稳致远，必须遵循这个原则不动摇。

（2017 年 7 月获得"山东省党校系统管理学年会暨'山东省社会科学管理创新软科学研究基地'学术研讨会"一等奖）

第四部分

教学讲稿篇

> > > > >

戒浮躁求淡定

这是一个空气中都充斥着浮躁的时代。金钱与欲望编织起的浮躁情绪，致使一些人嫌做事情太多工资太少、车子太旧房子太小、社会不公人情太冷……我们感叹，这样的时代，浮云天上飘，心绪乱飞扬。有多少人能真正静下心来去读马尔克斯的《百年孤独》，去听肖邦的小夜曲呢？有多少人会停下匆匆的脚步，静静欣赏路旁新绿的小草、嫩粉的小花呢？悠闲、自在、宁静，在焦虑浮躁充斥的时代只留下远去的背影。社会转型期，浮躁不可避免。而浮躁会产生焦虑，焦虑会引发不安。为此，我们需要冷静地面对自己和他人内心的纷扰，找出戒浮躁、求淡定的方法，为更积极地享受工作而淡定，为更精彩地品味生活而淡定。

一、浮躁：当今社会流行病

当今社会，焦虑、浮躁似乎已经成为一种普遍的社会表情和流行病。有的人在这样浮躁着，有的人是那样焦虑着，总之日子过得不舒心不如意。

（一）浮躁：外浮内躁种种

1. 盲目攀比心态失衡

事例：最近，某公司白领小张患上了"攀比症"。不论何时何地何事，她总喜欢自觉不自觉地同别人攀比一番——买了件新衣服，想方设法的到同事面前显摆一番；孩子考试得了第一名，她也以最快的速度让同事知晓；家里买了小汽车，迫不及待在同事面前炫耀一番。可这些还不能让她满足，一旦看到别人买了件新衣服，她第一时间就要赶往商场；看到同事升了职，她会彻夜不眠；只要别人的某些方面比她更优秀，她心里就像打翻了五味瓶，不是个滋味……

点评：在生活中，许多人的痛苦不是自己穷，而是别人比自己富。几乎每个人都不满足于自己的现状：有房的，想换更大的房子；有车的，想换更好的车；有钱的，想赚更多的钱……人比人气死人，盲目的攀比是拿自己的缺点和别人的优点比，用自己的弱项对抗别人的强项。如果攀比无止境，那么苦恼、浮躁也会无止境。

2. 眼高手低频繁跳槽

事例：27岁的王××半年内连续跳槽三次，不是认为薪酬低就是觉得老板不重视。自己作为一个工商管理的硕士，怎么能就拿一个普通员工的工资呢？他相信"天生我材必有用"，以自己的才学不愁找不到一个赏识自己的老板，所以一定要"把寻找高薪进行到底"，可直到现在他还是赋闲在家。

点评：现在的年轻人最容易犯的错误就是眼高手低。当他们走出校园时，总是对自己抱有很高的期望，因而在求职时念念不忘高位、高薪。可大公司进不去，即便进去后，又往往嫌管理不人性化；小公司不愿进，进去后也往往嫌这嫌那。于是这山望着那山高，不是脚踏实地，而是梦想一步登天。浮躁的心态导致他们频繁跳槽，可频繁跳槽并不能给自己带来成功。

3. 狠赚眼球不择手段

事例：网络红人炫富，在微博上经常展示自己的生活照，从中能看到，开玛莎拉蒂跑车，在别墅开生日会，皮包、手机、手表都是昂贵的奢侈品……

点评：作家张爱玲曾经说："成名需趁早。"这句在当时可谓惊世骇俗的话，已成为今天许多人奉行的信条。只不过并不是谁都拥有成名所需要的艺术才华或素质实力，于是，一些人为了成名，不惜剑走偏锋。回顾近些年来互联网所造就的明星，为了成名无不搞怪作秀、口出雷言囧语、赚人眼球、花样百出。热闹背后，是急于成名的浮躁。

4. 追逐流行娱乐至上

事例：革命题材电视剧的娱乐化倾向日益突出，一些红色谍战剧中，很多恋情已经突破了革命剧的底线。

点评：盲目跟风，模仿作秀，通俗的浅娱乐，成为这个时代的流行病。一些媒体为了收视率，大力迎合观众的娱乐需求，挖空心思不断出新、出奇、出噱头。

5. 学术造假见利忘义

事例：英国著名的权威学术杂志《自然》曾经发表国内期刊编辑推荐的稿件，发现中国学者的来稿部分涉嫌抄袭。

点评：诸多的学术造假事件，让人们无比惊讶地发现，本是甘于清贫、甘于寂寞的学界，如今也并不清静。

（二）浮躁：社会心理使然

1. 社会转型导致预期不定。从计划经济到市场经济，我国社会在急剧转型的同时也进行着社会利益结构的重大调整，社会成员的社会地位和经济地位都发生了新的变化。这种变化之巨大有时让人觉得无章可循，不确定性因素增加。这使得部分社会成员产生一种人生的不确定感，心里不踏实，感觉未来不可预期，因而陷入惶恐、焦虑浮躁之中。

2. 差距过大导致心理失衡。改革开放以来，让一部分人先富起来的政策，极大地促进了生产力的发展，经济总量得到迅速提高，但这也打破了过去的平衡，不可避免暂时出现"富的很富，穷的很穷"的现象。贫富差距拉大了，城乡差距又未见缩小，部分人的仇富心理随之增强，而富人们的不安全感也显著增加，整个社会在这种复杂而矛盾的心理纠结中日益浮躁和焦虑。

3. 道德滑坡导致束缚减弱。在市场经济发展的过程中，部分人对物质利益的过度追求和金钱至上观念的膜拜，使传统道德观念受到空前挑战，导致道德约束力量越来越弱化，从而助长了人们浮躁情绪。

二、淡定：开启美好人生

我们强调的淡定，不是消极避世和无所追求，而是一种积极进取的精神状态和生存状态。淡定是一种从容，面对变化，不惊不惧，不愠不怒；淡定是一种豁达，面对挫折，无所畏惧，泰然处之；淡定是一种平静，面对内心，宽厚平和，自得其乐。我们唯有淡定，才能开启美好人生。

（一）淡定促进积极生活

焦虑浮躁往往源于攀比，而盲目攀比会令人心态失衡。只有让自己的心淡定下来，正确地评估自己的能力，客观地认识自己的条件，恰当地定位自己的人生，才能拥有积极的心态，用自己的双手创造属于自己的美好生活。我们可以没有名车豪宅的气派，却可以享受奋斗的快乐；我们可以没有宾馆酒楼的浮华，却可以拥有完善自我的充实；我们可以没有前呼后拥的热闹，却可以拥有蓝天白云的宁静。转换一下视角，拥有一颗淡定的心，生活的阳光随处可见，幸福指数也会大大提升。

（二）淡定助力踏实工作

急功近利的浮躁情绪，极易诱发人的投机心理，不愿意扎扎实实做事，不屑一顾于小事和细节，幻想着不劳而获。心静不下来，脚步也不会沉稳，必然会跳来跳去，一事无成。只有拥有一颗淡定的心，才能更多地看到别人成功背后的磨难与坚持，而不只是羡慕人家头上的光环如何耀眼；才能相信世界上没有免费的午餐，而不是躺在床上等着掉馅饼；才能脚踏实地地埋头自己的工作，而不是凭空追逐虚幻的职位。沉下心来，淡定看待眼前的名利，一步一个脚印地做好手头的每一件事，才能积跬步而至千里，取得可持续的成功。

（三）淡定充盈高尚心灵

浮躁的心态下，一个人所追求的东西往往是浅薄的、污浊的。没有经过时间沉淀的心灵，也是脆弱而空虚的，禁不起任何的风浪，这对于一个人来说是很危险的。古人云："万事始源于治心，万事之治归于心。"只有让浮躁的心淡定下来，才能在纷繁复杂的世事中有所坚守；才能在思维上更理性一些，眼光更长远一些，追求更高尚一些，层次更深入一些；才能修炼出一个高品位的人、一个有境界的人、一个有理想志向的人。苏轼在《超然台记》中说："无所往而不乐者，盖游于物之外也。"要拥有一颗充盈高尚的心灵，就要超然于物外，超越让人忧乐不安的浮躁，这是一种见贤思齐的心灵放牧，是一种置身事中又超乎其上的大胸怀，是由境界滋生出的淡定释放。

三、淡定：日积月累养成

拭去心灵深处的浮躁焦虑，让不安的心淡定下来，需要一个过程，可以通过相应的方法来训练和调适。要达到理想的效果，需要我们积极主动付诸努力，日积月累养成。

（一）转换思维静心

1. 不攀比

攀比是让我们心态失衡、浮躁焦虑的最大敌人。比来比去，最终会让我们失去自我和平静安宁的生活。凡事都要"知止"，正如《大学》里所言："知止而后有定，定而后能静，静而且能安，安而后能虑，虑而后能得。"

2. 多思考

社会有些浮躁，我们的心绪也难免受到浸染，跟着躁动不安。保持淡定，在关键时刻 hold 住，不随波逐流，遇事冷静思考，用理智战胜浮躁。从现实出发，多想想事情的结果，看问题要站得高、看得远，不为眼前的喧嚣所蒙蔽，心静如水，脚踏实地地发展自己。

3. 善坚持

不静无以远行，如果我们有远行的志向，就先要有一颗抵御得住浮华的宁静的心。如果我们能安下心来认真做一件事情，就没有做不好的。我们做事情很多时候半途而废，是什么原因让我们放弃呢？是急于未成、不愿面对困难的浮躁心理。淡定是一种坚持，也是一种力量。气定神宁，如巨岩阻浪。坚持不懈，方能水滴石穿。

（二）训练减压安心

1. 学会放松减压

现代社会节奏太快，压力太大，这是多数人浮躁焦虑的根源。我们在这样的环境中要做到淡定自若，首先要学会放松减压。让压力得到释放，让压抑、烦恼、紧张、疲惫得以消除，就会有一个澄明的心境。

2.倾听内心声音

我们要洞察自己的内心，也要排除一切干扰和杂念，保持平和的心态，全情投入进去。只有这样，我们才能够看清自己的内心。倾听自己内心的声音，才能明白自己真正想要什么，从而在一片浮躁的世界里找到方向。

3.培养闲情逸致

闲情逸致，是指悠闲的心情和安逸的兴致，出自清代李汝珍的《镜花缘》。有了合乎自己的闲情逸致，可以在忙里偷得片刻闲时体味自己的快乐，放慢自己的脚步，沉淀自己的心灵。人只有在内心宁静的时候才会思索，而静心的思考意味着境界的升华。培养闲情逸致，如读书、绘画、戏曲，都是不错的选择，这是我们从浮躁焦虑走向淡定的一剂良药。

（三）积极调适清心

1.正确定位自己

人对自我估价过高或过低，都是产生浮躁焦虑的一个诱因。要学会淡定，首先就要正确定位自己，不自负也不自卑，理性估价自己的能力，做自己能力范围之内的事情。正如李开复所说："一个人既不能对自己的能力判断过高，也不能轻易低估自己的潜能。对自己判断过高的人往往容易浮躁、冒进，不善于与他人合作，在事业受挫时心理落差较大，难以平静对待客观事实；低估了自己能力的人，则会在工作中畏首畏尾，踟蹰不前，没有承担责任和肩负重担的勇气，也没有主动请缨的积极性。"

2.正确对待名利

名利本是身外之物，如果把它看得过重，就会因追逐它而浮躁焦虑。把这些看得淡些，就会自然而然地学会淡定，也才能去追寻生命的真谛，达到"宠辱不惊、看庭前花开花落；去留无意，望天上云卷云舒"的至高境界。

3.正确对待挫折

世界上没有随随便便的成功，只有在挫折面前百折不挠的人，才能见到风雨之后的彩虹。克服浮躁心态，学会淡定，就要从容面对人生的种种不如意。面临挫折，无所畏惧；身处困境，亦能心态平和、泰然处之。这样，失败也会成为转机。

（四）提升修养定心

1.淡泊明志宁静致远

诸葛亮在《诫子书》中说："夫君子之行，静以修身，俭以养德。非淡泊无以明志，非宁静无以致远。"作为现代人，要学会淡定，就要控制自己的物欲，把待遇看淡一些，潜心于事业，别让心中理想的岛屿被物欲的浪涛所淹没，为了使自己的种种欲望得到满足而过早地终止了事业上的奋斗。

2.健全人格坚守底线

我们要做到淡定，就要不断加强内在的修养，形成完善的人格，让自己的心灵有所坚守，最终达到"兰秀深林，不以无人而不芳；君子立德，不为窘困而改节"的人生境界。

3.开阔胸襟涵养雅量

我们要做到淡定，要培养自己的气度，开阔胸襟，涵养雅量，为人做事不慌不忙、不躁不乱、不惊不惧、不愠不怒，以一颗包容之心，面对世间一切的不平、不公、不如意。心有多宽，舞台就有多大。

结语：人总容易受到欲望的驱使，想吃好、穿好，想成功、收获，想潇洒、快乐。适度而合理合法的追求，是和谐的；过分而不择手段的赚取，是浮躁的。治浮躁之一剂良药，便是淡定。内心要知足，心灵要觉醒，方能不做欲望的奴隶。淡定是福，是为至理。

（发表于《党课参考》2011年第11期获得"第十二届重庆市好期刊好作品奖一等奖"）

让我们插上想象力的翅膀

牛顿盯着砸在头上的苹果，奇怪它为什么往下落而不往上落，从而发现了万有引力；凯库勒在冥想中发现飞舞的原子像一条蛇咬住了自己的尾巴而洞悉了苯环的结构；凡尔纳在小说的世界里尽情遨游，为阿波罗登月开拓出了灵感的道路……我们创造发明，发现新的事物定理，都是因为想象力。所谓想象力，是人们在感知、记忆的基础上，对已有的知识和经验进行重新组合、配合，创造出新形象的能力。人类的每一次进步、每一个变化，背后蕴藏的都是想象的力量。爱因斯坦说："想象力比知识更重要，因为知识是有限的，而想象力概括着世界上的一切，推动着进步且是知识进步的源泉。"想象力能让我们绕过沉重的推理而直达事物的本质，将许多看似无法破解的难题化于无形。想象力并不为科学和艺术创作所独有。当我们为平凡的生活与工作插上想象力的翅膀，一切也都可以变得有声有色、不同凡响。

一、想象力缺失：思维折翼之痛

想象力是思维的翅膀，美好而富于色彩。但在现实生活中，由于种种原因，人们往往忽视了想象力，禁锢了想象力，扼杀了想象力，致使想象力贫乏或缺失，因而在工作和生活中思维折翼。

（一）忙于事务无暇想象

越是应对复杂工作，越是需要想象，而想象需要安静的环境和相对宽松的空间。然而，紧张忙碌的工作及事务、安排得密不透风的出差行程，在很大程度上剥夺了人们的想象的时间和空间，让人们失去了想象的意愿。可以设想，当大脑整天只能像上了发条的机器那样不停运转，哪里会有想象的突然降临呢？

（二）热衷模仿懒得想象

国内很多行业都面临相互模仿的窘境。在影视文化上，你拍《三国》，我拍《赤壁》；你有《红楼梦》，我续梦"红楼"，翻拍之风兴之于前、不绝于后。在文化旅游上，故里之争如火如荼，大禹、李白、貂蝉、赵云、大乔小乔甚至西门庆，无不借历史悬案而纷纷"登场"。各行各业，同质竞争愈演愈烈，大家都不惜拥堵在简单省力的复制和模仿的道路上，这真实反映了许多人在思维上的懒惰。不愿想象，导致想象力的匮乏与缺失。同时，只想一味借力别人的创造成果，其实也是对别人的创造性劳动的不尊重。

（三）简单重复削弱想象

日复一日，简单而机械地重复，磨灭了创造的激情和做事的灵感，这是许多资深职场人士的共同感受。在一个行业干得久了，经验多了，资历深了，然而突破也就难了，缺乏变化的新鲜刺激，没有了挑战的巨大压力，很多人都容易在"老本"上打盹，想象力也因此随之钝化。

（四）有识无胆放弃想象

不是没有知识，也不是没有思维能力，只是"有点子，没胆子"，这成为一些人工作难出成绩的致命伤。遇到问题，摇摆退缩，不敢坚持；遭遇困难，谨小慎微，不敢创新。没有胆量去发挥想象力，再丰富的知识也派不上用场，再出奇的想象也变成不了现实。要想有一番作为，必须放下怕输的心理包袱，"敢"字当头。

（五）死板教条束缚想象

很多时候，正是太过固定化模式的教育标准，给人们强行建造了一座很大的"思维铁房子"，让人们不敢逾越、不能逾越，从而局限了思维空间。很多人想象力的嫩芽，正是从小时候开始，一点一点被这种"统一化"和"标准化"给"吃"掉了。当那些有标新立异、奇思怪想、荒诞不经、个性十足的孩子被扣上"不守规矩"的帽子时，这些孩子们的想象的翅膀便被生生折断了。

（六）听话盲从丧失想象

下级服从上级，是一个团队保持凝聚力和战斗力的必要。然而，当一个人只知服从而不再有自己的思想时，他也就停止了独立思考，实际上泯灭了应有的想象力，异化成了一台简单重复工作的"机器"。无论从事什么工作，都需要开动思维，发挥想象力，善于创造性地完成任务，这样才能成为一个堪当大任的创新型人才。

二、想象力：改变与创造的开始

一切改变与创造，始于想象。我们只有插上想象力的翅膀，才能自由翱翔在思维的天空，让生活增色、梦想成真、世界变美、创新迸发。

（一）想象力——情趣生活的养分

没有想象力的人生将是枯燥和呆板的，想象力能带给我们新鲜、变化和期待，它也由此成为人类不可缺少的一种智慧和能力。丰富的想象力，不仅能帮助我们改变思维的固有模式，还能使我们对事物充满好奇、充满情趣。

（二）想象力——展开梦想的羽翼

人的双脚不能离开土地，可很多时候，我们也需要仰望星空。想象力的魅力在于它能够穿越沉重的现实，为我们舒展梦想的羽翼，让我们可以在思想的王国里自由翱翔，飞得更高、更远。想象力是灵魂的工场，也是成功的"核反应堆"，它让我们可以真实地拥抱梦想，让世界上许多事物向我们展示出最为独特的面貌。倘若没有想象力，就不会有飞机飞上蓝天，就不会有飞船驶往宇宙。正是那些看似荒诞不经的"幻想"生成的昨日梦想，创造了今日的世界。

（三）想象力——破解难题的钥匙

不管是科学家面对宇宙的难题，还是工作中遇到的困难，任何问题要得到破解都不会是轻而易举的。在看似没有路的地方走出一条路，就需要想象力赋予我们神奇的力量。当你遇到百思不得其解的难题，最需要的不是愁眉不展，而是尽情展开想象，甚至"白日做梦"，又甚至"胡思乱想"，因为想象力就像一把钥匙，稍加翻转，就能打开一道难以跨越的门。只管任思绪飘荡，突破那思维的限制吧！如此，往往会收获柳暗花明、曲径通幽的惊喜。

（四）想象力——开拓创新的源泉

亚里士多德说："想象是一切创造活动的源泉。"想象作为形象思维的基本方法，不仅能构想出未曾知觉过的形象，而且还能创造出未曾存在过的事物形象。没有想象力，就不可能培养出创造的能力，更不会获得创新的力量。无论是在工作还是生活中，只有让想象的源泉奔涌，才能突破思维的桎梏、破解表象的迷惑，想出新点子、找到新方法。倘若不能架起想象的桥梁，只是困守原地、徘徊不前，我们就永远也无法到达创新的彼岸。

三、打开心灵尽情想象

生活、学习和工作，都需要想象力的点染。要想充分发挥想象力，就要还心灵一片自由的空间，跳出各种思维定式的窠臼，敢于想象、保护想象力，善于想象、培育想象力。

（一）呵护童心培育想象

罗素说："如果孩提时代的想象力通过适合各年龄的刺激保持得很活跃，那么当它以适合成人的方式发挥作用时，则以后的想象力会更为活跃。"孩子的想象力是最丰富的，他们的小脑袋瓜里有五彩缤纷的世界和千奇百怪的事情。但大人如果不注意呵护那些无忌的童心，就会扼杀他们的想象力。这位美国妈妈"保卫想象力"的案例，充分说明西方教育将保护想象力、充分发挥想象力放到了何等神圣不可侵犯的重要位置。就我们国家而言，不管是家长还是老师，以及社会的方方面面，也都应该培养这种意识，那就是：发挥想象力从孩子开始、从教育开始，发自内心地呵护和培育孩子们的想象力，让奇思妙想得到认同和赞赏。同时，作为成年人，要想拥有丰富的想象力，就要努力让自己保持一颗童心，少一些理性的成熟，多一些刨根问底和异想天开的稚嫩，对世界充满好奇，对事物充满兴趣。

（二）艺术滋养生成想象

当人的精神高度紧张的时候，头脑是僵化的，想象力也容易被抑制。因此，在做一件事情时，不要过分地用有意识的努力或意志去施加影响，而应当放松神经和心态，劳逸结合，培养一些闲情逸致来滋养心灵。爱因斯坦就酷爱艺术，他曾坦言："物理给我知识，艺术给我想象力。知识是有限的，而艺术所开拓的想象力是无限的。"所以，要想很好地发挥想象力，先要学会享受生活，加强文学和艺术的修养，让心境平和与满足。在享受生活、感受幸福的状态下，想象力会更加丰富、缜密，思考的范围也会更加广阔。

（三）挑战自我主动想象

不像别人那样仅仅按部就班地干好自己的本职工作，而是运用想象力，让自己有更出色的表现，让领导眼前一亮，从而获得了领导的赏识。工作中要想有发展，就不能墨守成规，需要自主地去发挥想象力。挑战自我，才能让人惊喜，获得成功。

（四）积累知识尽情想象

想象力，一方面来自细心的观察，更重要的是，有着丰富的科学知识的积累，遇到事情能够发挥想象力、触类旁通。所以，发挥想象力一定要积累丰富的知识和实践经验。这就要求我们必须潜心学习，让扎实的知识点燃想象的火花。

我们头脑中储存的表象经验和知识愈多，就愈容易产生想象。一个孤陋寡闻的人是很难经常产生奇想的。要想富有的想象力，必须打破行业界限与知识的限制，在社会科学和自然科学等领域纵横驰骋，自由翱翔。也只有这样，才能触类旁通，才能有尽情发挥惊人想象力的空间。

（五）独立思考大胆想象

不一味顺从别人的想法和意见，敢于想象，勇闯思维的"禁地"，独立思考。

（六）逆向思维创新想象

生活中、工作中，其实不难发挥想象力，关键在于要敢打破思维常规，想别人想不到或没想过的，独辟蹊径，才能产生真正有价值的创意。

（七）善于联想假定想象

想象力不仅能够帮助我们化解矛盾、破解难题，还可以为我们创造机遇。想法越多，想象力就能发挥得越淋漓尽致，就越能够把握先机，让假定成为现实。

（八）敢作敢为实现想象

想象力其实谁都有，但要真正发挥想象力的作用，最终还是要落实到行动上，用实践证明想象的可行。所谓梦想成真，成真的梦想最美。

　　结语：人类没有想象，世界将会怎样？科技将无法日新月异，工作将无法高效展开，生活将无法快乐有趣。想象力，是我们的一种宝贵能力。让我们珍视、培养、发掘、发挥这种能力吧，因为它可以为我们创造更美好的明天、建设更美好的家园。

（发表于《党课参考》2012 年第 4 期

获得"第十三届重庆市期刊好作品获奖一等奖"）

口才是助你成功的金钥匙

领导干部是党政机关、企事业单位的负责人，是大政方针、计划指示的决策者和主要执行者，工作中，研究问题、动员部署、发号施令都要通过口语来表达。口语表达几乎贯串了领导干部行使权力的全过程。由于工作和身份的特殊性，领导干部的言论往往指导着所领导地区、部门、单位的全局工作，关系到国计民生，牵动着千家万户，重要领导干部的言论还会引起国际反响，影响到国家和人民的权益。在社会的各个领域中，能言善辩、谈笑风生的领导干部，优势日益彰显，凭口才打动人并影响决策的事例，数见不鲜。古今中外，无数成功者的事实证明，拥有出色口才，如同掌握了金钥匙一般，成功概率明显提升。因此，越来越多的人崇尚口才，渴望口才。

一、口才欠佳事倍功半

著名外交家吴建民曾一针见血地指出，中国官员就像"茶壶里装饺子——倒不出来"。从现实情况看，口才欠佳，不仅会直接损害形象和威信，而且会影响工作质量和效果，甚至使事业受阻。

（一）期期艾艾功败垂成

无话可说、不能左右逢源、不懂得如何解释与说服，让越来越多的领导干部体会到关键一搏时功亏一篑的遗憾。

（二）急不择言难辞其咎

面对矛盾及敏感问题，不会平心静气地摆事实、讲道理，不能讲究语言艺术，委婉表达，而是突然失态，信口开河，引起社会强烈不满，遭致"板砖"无数。

（三）语不到位错失良机

（四）金舌敝口千夫所指

（五）沟而不通合力难成

二、口才卓越事半功倍

领导干部是激励属下的核心人物，也是决定事业胜败的关键因素。能言善辩，往往会受人尊敬爱戴，得人支持拥护。领导者言辞中肯，会迫使对手做出让步，或取得共识；领导者慷慨陈词，会赢得属下追随，万众一心，取得胜利；领导说话得体，言之有物，会使权威自立，上下同心。卓越的口才，是每一位领导干部成功人生的金钥匙。掌握了这把钥匙，事业就会事半功倍。

（一）精言赢追随

内驱力是战胜困难、顽强抗敌的力量源泉，需要激发，更需引导。

（二）妙语获赏识

语言表达能力是一个人综合能力的反映，从中可以看出他的才能、知识、阅历和修养。

（三）利齿化危机

口才可以帮助人们在劝诫指正别人时做到趋利避害。

（四）秀口促双赢

诸葛亮运用其清醒的辩论策略和技巧逐一驳斥了以张昭为代表的江东众谋士的降曹思想，为孙刘联合扫清了道路。他通过分析天下形势，分析敌我的军事实力，以雄辩的口才舌战群儒，这是"三寸不烂之舌，强于百万之师"的有力佐证！

（五）巧舌博信任

洞察人们的内心世界，根据需要决定说话的策略，是王熙凤赢得贾母百般信任、高踞贾府管家宝座的一大法宝。

三、提升口才有方可循

口才并不是一种天赋的才能，只要了解说话的规律，掌握表达的技巧，进行刻苦训练就会练就出色的口才。古今中外历史上，一切口若悬河、能言善辩的演讲家、雄辩家，无一不是靠后天刻苦训练而获得成功的。

（一）慧于心而秀于口——构筑深厚文化底蕴

提高口才，必须注重厚积薄发。出众的表达能力只是显露出来的冰山一角，它的底蕴是宏博的综合素质和智慧积淀。要想有好的口才，首先就要丰富自己的内涵，提高自己的学识修养。

1. 博观约取出口有神

口才绝非无根之萍、无源之水，而是植根于渊博的学识之中。勤于学习可以增长知识、开阔眼界，从而丰富谈资。当"读书破万卷"的时候，自然能做到"开口如有神"。勤于学习，博观约取，可以汲取人类思想、文化精华，可以给人们的表达输送源源不绝的"活水"，谈话时可以旁征博引，增加言辞的魅力。

2. 深入思考令人折服

语言是思想的载体，只有对各种信息积极主动地思考，进行综合、演绎、推理、发散，不断探求分析、解决问题的方法，磨砺思维的锋芒，才能使语言表达如虎添翼，充满理性，收到感染人、教育人、启发人的效果。如果没有足够的思想作为支撑，任何语言都会失去内在的魅力和说服力。

3. 立足生活感人至深

精彩的演讲口才源于精彩的生活。演讲家蔡朝东的演讲《理解万岁》之所以深深打动千千万万听众的心，是因为他曾经在炮火纷飞的老山前线出生入死，曾经在阴暗潮湿的猫耳洞忍饥挨饿，曾经目睹无数英勇无畏的军人为国捐躯的壮烈场面。因此，亲身经历的东西最有说服力，也最具感染力。立足生活，加强生活积累，才可以产生撼人心魄的力量！

（二）点石成金，化腐为神——掌握语言表达技巧

掌握一定语言表达技巧，可以使自己的语言生动、形象、富有情趣，给听

者以感染力，缩短双方之间的心理距离。

1. 借题发挥妙语解困

2. 避实就虚曲径通幽

3. 制造幽默赢在风趣

（三）内部不折腾，外部自从容——铭记临场发挥要诀

工作生活中，人们常会面临在事先没有准备的情况下，就某个问题发表见解、提出主张，或表达某种情感、某种主张，这就必须依靠临场发挥，抓住特定场景、特定对象，恰到好处地临场发挥，可以减少不利因素，收发自如，增强说话魅力。

1. 借坡下驴消弭尴尬

2. 借题发挥感化人心

3. 移花接木转危为机

（四）只要功夫深，铁棒磨成针——进行持久刻苦训练

数学家华罗庚曾经说过："勤能补拙是良训，一分辛苦一分才。"要想练就一副过硬的口才，也必须刻苦训练。一份调查结果显示，缺乏语言训练与受过良好语言训练，具有天壤之别的关系。受过良好语言训练，可能只需很少的语句，就会十分简练、完整且合乎逻辑地抓住主要情节和情节之间的关系，将事件表述出来。

1. 宝剑锋从磨砺出——苦练技巧

有一句话叫"咬字千斤重，听者自动容"，在生活中，我们都喜欢听那些饱满圆润、悦耳动听的声音，而不愿听干瘪无力、沙哑干涩的声音，所以持之以恒，坚持练嗓子，练就一腔悦耳动听的声音，是口才训练的重要方法。

2. 梅花香自苦寒来——勤练胆量

练就好口才，必须敢于说话。这就需要克服心理障碍，消除恐惧心理。其实人人都具有说话的潜能，多开口说话，就能开发出这种潜能。抓紧一切可以锻炼的机会来展示自己，给自己信心，不断总结和积累。长此以往，必然能够在各种场合中让自己脱颖而出。

3. 实践出真知——常练能力

组织语言的能力是口语表达能力的一项基本功，没有较强的组织语言能力，不可能有一张悬河之口，坚持不懈地进行描述性训练，有利于锻炼人的语言组织能力和语言的条理性。

小结：当今社会，人与人之间的交往空前频繁，每时每刻都需要说话。在竞争与合作日趋激烈的社会大环境中，有的人在竞争中失败，有的人在合作中成功。通过以上种种事例，我们完全有理由这样说：口才实实在在会影响着一个人事业的成功和失败。拥有出色的口才，就像掌握了一把展现自己魅力的金钥匙，使自己时常处于优势，更好地调整周围的人际关系，更快地走近成功！

（发表于《党课参考》2011 年第 4 期）

我的情绪我做主
——领导干部情绪管理

　　领导的工作对象主要是人，所处的人际关系比一般人更紧密、更复杂，所以管理好自己的情绪，是其修身立业的基本要求。当今世界，信息多变，领导干部时常要面临信息爆炸带来的公共危机、信任危机，承受更大的心理压力。研究发现，较强的情绪管理能力一定程度上可以促使领导干部去克服恶劣的社会环境造成的压力，也可以缓冲不良社会环境所造成的消极影响。因此，学会管理和调整自己的情绪，做自己情绪的主人，就成为当下领导干部的必修课。

一、消极情绪是魔鬼

　　当代病理心理学和身心医学研究认为，持久的或爆发性的消极情绪直接伤害人的心灵，使感知、记忆、思维乃至性格发生病理性变化，还可通过身心反应导致躯体的生理功能紊乱，让人罹患各种身心疾病。它如同魔鬼，把人拖入痛苦的泥潭，快乐不得，幸福不得，轻松不得。

　　1. 内伤七情百病而生

　　领导干部一方面要完成各项工作指标，另一方面又要平衡和妥善处理上下左右的人际关系，无论处在哪一位置，都往往面临诱发消极情绪的种种事件。如果消极情绪控制在正常范围内，一般不会使人致病，但如果突然强烈或长期持久的情志刺激，超过人体本身的正常生理活动范围，就会使人体气机紊乱，导致疾病发生。中医所说的"七情致病"说的就是这个道理。

2. 怒而兴师决策失误

在重大问题面前，领导干部要履行决策职能，如果情绪失控，极易导致决策失误。越是重大的决策，越是要心平气和，头脑冷静，周密地分析各种信息，判断各方局势，认真科学地进行。

3. 不胜其烦神话崩塌

基层领导干部在工作中都会面对各种情况，只有不断磨炼，使自己不被情绪控制，做到宠辱不惊，才能以自己的成熟老练赢得群众的认可。

4. 彻心扉生命陨落

每一个人都处在一定的人际关系、社会关系之中，领导干部也不例外，甚至比一般人面临更为复杂的人际关系。人们遇到那些引起感情危机和情绪障碍的事情，容易产生应激性情绪反应。如果领导干部自身心理承受力过低、心灵脆弱、人格不成熟、问题解决能力较弱，思维往往就会变混乱，理解力变狭隘，以偏概全、绝对化等负面思维将控制着个体去实施对自我的毁灭。领导干部学会一些干预技术，不但有助于渡过当前的危机，而且也有利于以后的适应。

5. 歇斯底里千夫所指

面对群众的批评性建议，对自己的负面情绪不加克制，突然失态，鲁莽行动，不仅有失领导干部的风度，而且使组织形象大大受损。被批评致歉，恐怕也难辞其咎。作为领导干部，面对群众的质疑和批评，尤其是矛盾及敏感问题，最重要的就是平心静气地化解矛盾。

二、积极情绪是天使

积极情绪可以使领导干部保持准确的观察力和灵活的思维，及时把握事物发展规律，以愉快的心情和良好状态投入学习和工作，妥善处理其间复杂的矛盾与任务，始终保持行为的适度，干劲十足，充满活力，从而提高工作效率，取得事半功倍的效果。积极情绪如同天使一般，让领导干部心理和谐，心灵安稳，体验到成功的快乐人生的幸福。

1. 增强体质益寿延年

医学研究表明，积极情绪有利于神经系统与各器官、系统的协调统一，使机体的生理代谢处于最佳状态，从而增强人的体质。同时，积极情绪能增强大脑皮层功能和整个神经系统张力，进而通过植物神经系统、内分泌系统、神经递质系统等中介分泌皮质激素与脑啡肽类物质，使抗病能力大大提高，收到益寿延年的效果。在临床工作中可常见到不少病人，通过自我调节，发挥良好的情绪作用，可使某些疾病自愈。《黄帝内经》所讲"精神内守，病安从来？"就是说的这个道理。领导干部长期保持积极情绪，就能做到忙而不乱，张弛有度，分清主次，统筹兼顾，不仅有效处理了工作中的大事，而且起到益寿延年的效果。

2. 激活动力开掘潜能

积极情绪能促进活动连续性的功能，在积极情绪状态下，人会保持趋近和探索新颖事物，保持与环境主动的联系。譬如，快乐产生游戏、冲破限制、创新的愿望；兴趣产生探索、掌握新的信息和经验、在这个过程中促进自我发展的愿望；满意产生保持现有的生活环境和把这些环境和自我以及社会的新观点融为一体的愿望。这些愿望，使人能提高脑力劳动效率和耐久力，机体各部分处于高水平的协调一致，从而使人保持旺盛的生命力，并激发出强烈的生活热情和工作责任心，去从事自己所喜爱的事业，对生活和前途充满信心和希望，积极主动地去劳动、去创造、去发挥自己的聪明才智，开掘巨大的潜能空间。作为领导干部，只有长期保持积极情绪，才会产生超凡的智慧和强大的精神动力。

3. 传递信号交流信息

在人际交往中，人们除借助言语进行交流之外，还通过情绪的流露来传递自己的思想和意图。情绪的这种功能通过表情来实现。表情具有信号传递的作用，属于一种非言语性交际。人们可以凭借一定的表情来传递情绪信息和思想愿望。在社会交往的许多场合，人们之间的思想、愿望、态度、观点，仅靠言语无法充分表达，有时甚至不能言传，只能意会，这时表情就起到了信息交流的作用。在言语信息暧昧不清时，表情往往具有补充作用，人们可以通过表情准确而微妙地表达自己的思想感情，也可以通过表情去辨认对方的态度和内心世界。所以，情绪作为信息交流的重要方式，被视为人际关系的纽带。领导干部常会面临复杂环境，产生丰富多变的情绪，及时识别、准确捕捉积极情绪的信号，有利于了解自己和他人的真实感受，最大限度地调动自己的主观能动性，开掘各种智慧因素，营造良好的人际环境。

4. 促进适应推动交融

情绪具有灵活性特征，在积极情绪状态下，个体的思维更开放、更灵活，能够想出更多的问题解决的策略。这种特征能够使个体针对不同的刺激事件产生灵活自如的适应性反应，并调节或保持个体与环境间的关系，因此积极情绪具有提高个体社会适应能力、推动个人与社会交融的作用。许多种情绪都发挥着优化群体间互动的功能。譬如，在商业或政治谈判中，积极情绪不仅能够为协商和谈判创造友好的氛围，同时还能使人想出更多的谈判策略。其他情绪，诸如喜欢、友善、愉悦等，也能起到促进友好行为、密切人际关系、扩大人际资源、构建和保持良好社会关系的作用。领导干部需要有较强的适应外部环境并与环境互动的能力，才能有效开展工作，这种能力必须以积极情绪为基础。

三、调控情绪我做主

当前，我国的社会转型进入了一个非常重要的阶段，空前急剧的社会变迁给我国发展进步带来巨大活力，也引发了层出不穷的心理问题。领导干部作为特殊的社会群体，处在政治、经济、社会生活的核心层次，担负着发展和维护稳定的双重使命，比普通人面临更复杂的人际关系、更多的诱惑，更多的心理矛盾和心理冲突、更多的竞争压力。不当消极情绪的垃圾桶，是每位领导干部必须认真对待的课题。俗话说，要用黑夜的眼睛来寻找光明，只要心是光亮的，就不怕消极情绪会堆积侵蚀。面对消极情绪，需要寻找科学的方法进行管理和调控。

（一）管理情绪有道可循

中国人自古讲究"修身养性"。从心理学的角度看，这实际是一种积极的自我调控。作为领导干部，从某种意义上说，坚定的信仰、辩证思维等内在素质的培养，对情绪管理来说更具根本性。

1. 坚定信仰蹈节死义

人都有脆弱的一面，在突如其来的危险面前，人都会产生恐惧、担心、悲伤、惊惶等感觉。在当今社会，作为中坚力量的领导干部应该有自己的信仰，坚定自己的信仰，这是有效化解各种负面情绪的根本。

2. 辩证思考进退俱乐

辩证思维可以使人从容地对待挫折和失败，避免有害的消极情绪，永葆积极向上的心态，使人在"成功"与"得意"时保持更加清醒的头脑。领导干部，必然要不断面对"进退留转"的种种考验，要做到"进"时奋发有为，"退"时心情愉快，"留"时意志不衰，"转"时迎接挑战，拥有辩证思维是根本。

（二）调控情绪有术可用

即使不良社会刺激引起了消极的情绪体验，我们完全可以综合使用各种情绪调节方法使情绪活动恢复正常。

1. 宽容大度正反合璧

反对者的存在，可让人保持清醒理智的头脑，做事更周全；可激发人接受挑战的勇气，迸发出生命的潜能。领导干部如果宽容大度，就能有效化解焦虑、紧张、敌对等消极情绪，把敌对的、消极的、紧张的、不利的因素转化为友善的、积极的、和谐的、有利的因素，有效集中群众智慧，避免个人主观错误，做到正确决策，对开创工作新局面起到巨大的促进作用。

2. 适度宣泄重建平衡

从心理学角度来说，适度宣泄长期积压的怒气，可以减轻或消除心理疲劳。把怒气发泄出来比让它积郁在心里要好，这样可以使你变得轻松愉快。领导干部从事国家和社会的管理活动，虽然背负着社会的高期望，承载着诸多道义上的责任。但是，在不危害社会、不影响他人和家庭的情况下，选择合适场所适当宣泄一下，把"气"放出来，有利于心态调整，有益于身心健康。

3. 借题发挥消弭尴尬

作为一名领导干部，经常要出席党政会议、参加社会活动、接受媒体采访，有时难免会遇到一些意想不到甚至让人尴尬的事情。借题发挥，巧妙化解，可以免除自己的难堪处境，使人摆脱心中的失落与不平衡，精神上获得满足。

4. 积极暗示强化信心

心理学告诉我们，在一定环境下，接受心理暗示、受心理暗示的影响，是人类难以避免的、共同的心理活动特性之一。经常进行积极暗示的人在每一个困难和问题面前看到的都是机会和希望，从而消除恐慌和消极的心理，强化自信，消除烦恼。在生活与工作中，懂得使用积极的心理暗示，可以让事情更美好。

5. 幽默睿智春风化雨

幽默可以淡化人的消极情绪，消除沮丧与痛苦。具有幽默感的人，生活充满情趣，许多看来令人痛苦烦恼之事，他们却应付得轻松自如。用幽默来处理烦恼与矛盾，会使人感到和谐愉快。领导干部经常会面对激烈交锋等尴尬局面，如果能用幽默语言来化解肯定比"硬磕硬"效果更好些，而且还会给大家留下亲切、随和、有水平、能接受的领导干部形象，领导干部本身也会因用幽默语言"四两拨千斤"轻而易举地化解了矛盾而心情愉悦。

6. 运动消气心脑无忧

适当地运动锻炼，有利于消除疲劳。运动之所以能缓解压力，让人保持平和的心态，与腓肽效应有关。腓肽是身体的一种激素，被称为"快乐因子"。当运动达到一定量时，身体产生的腓肽效应能愉悦神经，甚至可以把压力和不愉快带走。作为领导干部，当感到悲愤难鸣、怒气难消时，到运动场进行慢跑、游泳、打篮球、踢足球等运动，既能使怒气消解于娱乐之中，又锻炼了身体，是让自己心脑无忧的最好办法。

7. 忍耐克制不战而胜

作家柳青在《创业史》中说："忍耐有时比激动更有强大的精神力量，但并不是每个人的天然禀赋。这是事业对人的一种强制。"领导干部会难免会遇到性格刚强、脾气火爆、吃"软"不吃"硬"的群众的顶撞与批评，对这种人发火动怒，不利于问题有效解决，坚持忍耐克制，往往能收到以柔克刚的效果。

8. 及时转移烦恼消弭

根据自我要求，有意识地把自己已有的情绪转移到另一个方向上，使情绪得以缓和。再发生强烈情绪反应时，头脑中往往有一个较强的兴奋灶，此时如果另外建立一个或几个新的兴奋灶，便可以抵消或冲淡原来的优势兴奋灶。冷静分析和考虑问题是对领导干部的基本要求，一旦情绪激动起来，可以有意识地通过转移话题或者别的事情的方法来分散注意力，使它不至于立即爆发，从而为处理问题提供足够的时间和机会。

9. 专业帮助内外和谐

心理咨询能够为人们提供全新的人生经验和体验。咨询所提供的全新环境可以帮助人们认识自己与社会，学会与外界相适应的方法，处理各种关系，提高工作效率，改善生活品质。目前，一些地区为了让领导干部能够把不好说、不便说，甚至不敢说的话有一个地方可以倾诉，由组织部门设立了"心理疏导"工作室，配备专门的心理咨询人员进行情绪疏导。有的则开通了心理健康咨询电话热线，对不方便或不愿意到疏导室咨询的干部提供电话咨询服务。领导干部可以借助这些平台，进行日常的心理检查和心理辅导，缓解心理压力，化解消极情绪。

小结：对于肩负重要职责的各级领导干部而言，情绪管理能力是其综合素质的重要组成部分，是有效履行职责、应对竞争、不断提高执政能力的客观要求，掌握情绪管理策略和技巧，就能使自己的情绪在生理活动、主观体验、表情行为等方面发生一定的变化，把情绪控制在合理的范围内，使身心状态达到良性循环。

（发表于《党课参考》2011 年第 9 期）

营造归属感

　　鱼游大海，鸟翔蓝天，每个人都需要在这个充满活力与希望的社会里，拥有一片栖息的天地、一个归依的家园。美国心理学家马斯洛把这种归属的需要，作为人自我实现的前提和基础。归属感是人们对一个团队或组织的认同感、公平感、安全感、价值感、工作使命感和成就感，它会使组织成员产生内心自我约束力和强烈的责任感，从而产生强大的内部驱动力。相反，缺乏归属感的人会对自己从事的工作缺少激情，丧失创新精神和责任意识。一个军心涣散的集体是不会有战斗力的。因此，为下属营造归属感的能力，就成为衡量领导者管理水平的一项重要标尺。

一、身有所属心无所栖

　　身为领导者，当然希望自己的下属时刻追随在自己左右，听从号令，指哪儿打哪儿。然而，由于领导者受观念、方法等因素所限，其火热的愿望也会遭遇冰冷的现实，那就是：下属们往往虽然身在团队之中，但却难有归属之感。

　　（一）只下命令不善沟通

　　领导者在进行管理时，沟通被誉为"血脉"，假如沟通不畅，就像血管堵塞，后果自然很严重。作为领导者，太以自我为中心，与下属缺少必要的沟通与协调，或沟通能力不佳，不在意别人的立场，不理解别人的感受，不顾及别人的脸面，忽视人的尊严，往往会导致离心离德，让下属失去归属感。

（二）只凭喜好不讲公平

领导者也是人，有自己的好恶，也有自己说得拢、谈得来的朋友，但不能"公私不分"，把个人喜好作为标准，带进工作及管理之中，搞亲疏远近，讲哥们"义气"，划分圈内圈外，在下属面前不能一碗水端平。常言道："人平不语，水平不流。"利失衡则心不平，心不平则气不顺，气不顺则矛盾多。如果领导者自己营造了一个不公平的工作环境，还想让员工有归属感，那显然只能是一种奢望。

（三）只重权力不重感召

一些领导者很重视自身的权威，他们或以高压管理的方式来对下属树威，或动不动就惩罚下属显威。在他们眼中，只有让下属怕，才能让下属服，让下属听话。于右任先生曾经说过两句话，叫作"造物所总者巧，万类相感以诚"。人与人之间的交往，只有诚才能接取对方的诚。靠权力及粗暴强制进行管理，带来的只能是表面的顺从，而不会是发自内心的敬服。没有了归属感的下属，只能身在曹营心在汉，更不会付真心、使真力。

（四）只有自我不懂尊重

在现实生活中，一些领导者随着权力的增大，往往会忘乎所以地以为自己的能力也超强，从此自高自大、目中无人起来，事事以我为先，天下以我为大，在处理问题时仅凭自己的主观臆断，唯我独尊，让下属感觉得不到尊重。久而久之，这样的领导者会失去下属的认同，从而使下属丧失归属感。

（五）只管使用不管发展

在一些领导者眼中，重视下属无非就是提高待遇，以为只要物质条件优越，就能使下属心悦诚服，让他们干什么就会干什么。事实上，人们的需求是多层次的，在生存需要得到满足，自我实现的需要就成为更高层次的需求。此时如果只管使用，不考虑下属的发展，不为他们搭建发展的平台，不为他们拓展发展的空间，那便会使他们失去工作的激情和奋斗的动力，从而失去归属感。

（六）只要业绩不会关爱

对领导者而言，工作业绩是其领导能力的体现，是衡量其是否称职的一个重要指标，但不能只把业绩作为一切工作的中心，而把对下属的关爱放在次要的位置上。面对情感冷漠的领导者，下属是不会产生温暖的归属感的。

二、激情之泉动力之源

有所归属是每个人内在的精神需求，有了归属感才能激发出强的责任意识，焕发出超强的工作热情与创新力。所以，为下属营造归属感，让他们有所创造、有所成就，具有非常重要的现实意义。

（一）增强责任意识

归属感是一种价值感。当一个人得到赞赏和肯定，就会生发出强烈的归属感，并由此产生责任意识。在一定程度上，这也是一种"知恩图报"的传统思维方式，正如俗话所说："女为悦己者容，士为知己者死。"一个人的价值得到实现后，他会由衷地产生心灵归依，从而尽心尽力地做好本职工作，以报答领导的知遇之恩、培育之情。

（二）激发工作热情

归属感是一种安全感。当领导者与下属建立起充分的信任关系后就会消除下属心中的各种疑虑，使其放下包袱，激发出工作热情。在任何时候，要让人发挥主观能动性、敢于开拓创新，都是有条件的。当人们心中存有疑虑时，必然会"前怕狼后怕虎"，抱着"宁可不做，也不可做错"的心理，混天度日，只求把分内的工作做好就行了。下属只有心有所属，被充分信任，才会鼓起勇气，勇往直前，把自己全部的精力和能量发挥出来。

（三）融洽人际关系

归属感是一种公平感。领导者与下属如果能够互相尊重、公平相待，就会形成一个宽松、祥和、健康、文明的和谐人际环境，增强下属的归属感。归属感的增强能够使人际关系更加融洽，工作上配合更加默契，减少人际矛盾和内部损耗，从而使工作效率更高。增强下属的归属感，让他们生活在一个舒适的关系融洽的工作环境中，给他们带来的不仅是工作上的满足，更多的是精神上的愉悦。在很多时候，这比物质上的奖励更有吸引力。

（四）凝聚团队力量

归属感是一种认同感。当一个人有了归属感，就意味着从价值观念、心理情感等方面都与集体建立了大家庭般的紧密联系，这表现在工作上的精诚团结、做事上的齐心协力。当外部产生摩擦时，会一致对外，而不是落井下石；当遭遇困难时，会团结一心，有苦同当，有难同受，与集体同荣辱、共进退。

三、精神相励真情相倾

归属感的形成是一个非常复杂的过程，需要领导者建立起沟通、公平和激励机制，需要领导者尊重、重视和关爱下属，需要领导者个人做好表率，这样才能让下属对领导者和集体产生认同感、依恋感、信任感、归依感、价值感和忠诚感，这些感觉最终会内化为归属感。

（一）有效沟通催生依恋感

杰克·韦尔奇有一句名言是"沟通、沟通、再沟通"，可见沟通在团队建设中的强大作用。因此，领导者要营造归属感，就要高度重视沟通。要建立起完善的沟通机制，保证沟通渠道畅通，使每一名员工都能够直言不讳，都能够开放地表达观点和释放个人情绪，促进彼此之间思维的碰撞和感情的升华。领导者自身也要增强主动沟通的意识，不仅要进行制度化的正式沟通，如会议、网络等，还要开辟非正式的沟通渠道，走出办公室，亲自和下属交流信息，坦诚、面对面地与他们沟通，交换想法，消除误会，让下属有被尊重、被信任的感觉，还可以通过组织业余文化活动，创造领导与下属之间的沟通机会，让人们在活动中感受到从心底迸发的相互信赖、支持和鼓励。

（二）营造公平增加信任感

世间最可怕的事，就是不公平。成事在于以公平服人，不公平则气难顺、心难聚。南宋理学家张南轩认为，从政需要公平心，心不公平，好事也会办成坏事。因此，领导者要营造归属感，创造公平的机制和环境就成为一个重要切入点。首先要注意奖励合理分配，做到"奖不避仇、不避亲"。其次要注意亲疏公平、下属平等交往，做到任人唯贤，"亲不溢美，疏不掩功"。再次要注意正确分配成绩、荣誉，对成绩要进行实事求是的分析，该是谁的就归谁，使成绩有个确切的归属，这也是公平的一种体现。公平性越强，满意度越高，信任感越强，人们的归属感也就越易形成。

（三）领导示范打造认同感

以下属为中心、不断修正自己的错误，实际上是一种对下属负责、勇于担当的领导情怀。这般情怀，让下属觉得遇到了知音，获得了高度的认同感，所以下属愿意以百倍的真情回报。这种归属感的形成可以说是领导者的示范效应带来的。领导者要营造归属感，要有为人师表的高尚风范，不仅在工作上是团队的领导，在学识、修养、人品、气度等方面也应是下属的榜样，以良好的品德修养和人格魅力影响下属，从而赢得下属的拥戴、信任和尊重。要有推功揽过的将帅气度。美国著名橄榄球教练保罗·贝尔对他的球队为何能够取得一次又一次的胜利是这样解释的："如果有什么事办糟了，那一定是我做的；如果有什么差强人意的事，那是我们一起做的；如果有什么事做得很好，那一定是球员做的。这就是使球员为你赢得比赛的所有秘诀。"出了责任自己承担，而将荣誉全部给予下属，凝聚力就在这种领导者的精神风范里了。

（四）尊重人格注入归依感

领导者应把握住人人都有的那份自尊，从心底里尊重员工。"爱人者，人恒爱之；敬人者，人恒敬之"，尊重换来的是员工的归属感。由此可见，领导者要营造归属感，就要以期望员工对待自己的方式对待员工。要尊重下属的人格，以平等的心态善待下属，多表扬，少责备，给予他们充分的信任，而不能居高临下，动辄刺伤下属的自尊心，那样就会使下属本能地产生一种离心力和强烈的逆反心理。要尊重下属的个性，每个人都有不同的个性特征和兴趣爱好。尊重下属的个性，不能只看到下属凸显出来的个性而忽视了其潜在的能力，而要不断地激发其发挥所长、避其所短。要尊重下属的劳动成果。对下属，哪怕他只是取得了很小的一点成绩也应充分肯定，不能因为下属的一点失误而否定他的一切。要尊重员工的价值观，公司的员工来自不同的环境，有着各自的背景，所以每个人的价值观也会不尽相同，只有尊重员工的价值观，才有可能让员工更好地融入集体中。

（五）重视下属满足价值感

领导者要营造归属感，首先应该让员工感觉到自己在团队中的重要性和地位。得到领导者重视的下属会有一种被承认、被肯定的满足感，会更积极、更主动地做好工作。领导者重视下属，要善于授权，多放手，让他们在职权范围内独立地处理问题，创造性地开展工作。要尽可能让下属感到是他们自己在决定工作，他们自己才是主人，而不是工作岗位上的木偶。还要给下属压担子，让他们承担挑战性的工作和急难险重的任务，挖掘其潜力，最大限度地体现出他们自身的价值，让他们觉得自己是团队中不可或缺的中流砥柱。同时，要帮助下属做好职业生涯规划，注重他们未来价值的提升和发展，适时提升，满足其对于成就感的需要，永远让下属充满希望。

（六）体察疾苦激发忠诚感

领导者要营造归属感，就要真心关爱下属，多点人情味。要关心下属的生活，充实富足的生活是干好工作的基本保证。领导者要从点滴小事做起，那些看起来不起眼的小事，体现的正是对下属无微不至的关心和爱护。要让下属感觉到自己的用心爱护，可以使下属心满意足。

（发表于《党课参考》2012 年第 8 期）

掌握幸福策略走上幸福大道

引言：日常生活中我们常会有这样的发现，面对同样的遭遇，有的人倾向于积极地解释世界，加固自己的幸福；有的人恰恰相反，倾向于消极地解释世界，不断自我怀疑，加深自己的痛苦。为什么会这样？这种现象早就引起了心理学家的关注。他们尝试用科学的方法来探究，幸福到底在哪里，人究竟能在多大程度上掌控自己的幸福。

一、幸福在哪里？

1. 生活境况与幸福

生存是人的第一需求，没有财富就没法生存。我们感觉跟幸福关系最为密切的是财富或者金钱，为什么呢？

①财富与幸福。在财富与金钱关系研究方面，美国加州大学的伊斯特林（RichhardEasterlin）是权威。她得出的结论是：并不是越富有就越幸福。然后分析说：存在一个临界点，过了这个临界点，幸福感的增强速度远远慢于收入的增加速度。

②婚姻与幸福。心理学家迈尔斯（Myers）和迪娜（Diener）研究发现，已婚人士比各方面情况类似的单身人士幸福水平高，最不幸福的是套在不幸婚姻中的人。可是，我们发现婚姻与幸福的关系要远比这个复杂。

鲁卡斯（Lucas）和克拉克（Clark）在德国进行了一个跨时 19 年、涉及

2000 多个案例的研究，发现婚后大约有两年的甜蜜期，而后幸福水平逐渐下降，大约 5 年后回到婚前水平。这我们就不难理解婚姻的 5 年之痒了。

在荷兰，松斯（Soons）进行了一个跨时 18 年、涉及 5000 多案例的研究，发现约会、同居、结婚最初让幸福水平上升，但关系稳定后，幸福水平会逐渐下降。分居或离婚后，幸福水平剧烈下降，但通过适应或建立新的关系，幸福水平会再次上升。

③工作与幸福。心理学家阿高（Argyle）2001 年研究发现就业状态与幸福相关，有工作的人比没工作的人幸福，从事技术的人比从事非技术的人幸福。这个结论得到更多研究者的支持。麦肯燕（Mckee-Ryan）2005 年研究发现，没工作的人身体状况和心理状况都不如有工作的人。鲁卡斯（Lucas）在德国进行了一个跨时 15 年，涉及 24000 个案例的研究，发现失业会导致幸福感明显下降，即使过了很多年，失业的人也没有恢复到失业前的幸福水平。

④健康与幸福。大量研究发现，人们对自己的健康状况的主观评价与幸福相关，但医生给出的客观评价与幸福不相干。比如，高度神经质的人，可能痛苦地抱怨自己身体不健康，但在医生看来其身体非常健康。相比之下，在医生看来身体不健康的人却可能报告自己感觉良好。大量研究还证明，幸福可以通过免疫系统对健康状况产生积极影响。

⑤教育与幸福。许多研究都认为，受教育程度更高的人更幸福，这种情形在不发达国家尤为显著。

⑥社会支持与幸福。这里所说的社会支持，就是来自你的核心家庭、大家庭以及更广的社会网络的支持。研究发现，社会支持水平越高，幸福水平越高。亲情和友谊都可以通过社会支持来提升人的幸福水平。

⑦生活事件与幸福。人们都这样的体验，那就是积极或消极事件对幸福是很有影响的。研究者布瑞克曼（Brickman）和克姆贝尔（Compbell）研究发现，在绝大多数情况下，积极或消极事件会导致幸福水平骤然上升或下降，但没过多久（如几个月或几个星期），人感受到的幸福又会回到原来的水平。

还有研究者长期跟踪调查有过大喜大悲经历的人。例如，1981–1987 年，研究人员每隔一年跟踪调查一些澳大利亚公民，结果发现生命中的好事和坏事在一定时间内确实会影响一个人的幸福水平，但当一切成为往事，人们又会回到幸福的原点。在美国有一项类似针对大学生的研究，发现生活中大大小小的事件的确让人欢喜让人忧，有笑有泪，但他们仅在事发后三个月内出现明显的情绪波动，过后一切又回到原点。大卫·利肯（DavidLykken）教授还在这个结论基础上提出了一个幸福原点理论。那就是：人们在很长一段时间内（如10年）的幸福水平都围绕一个固定值波动，这个固定值就是幸福原点。幸福原点98%是由基因决定的。每个人都有一个幸福的"设定点"，无论你遭遇了什么样的好事或者坏事，都会早晚回到基因设定好的水平线上。

小结：以上生活境况因素，都跟幸福密切相关，那么它们究竟能在多大程度上影响着我们的幸福水平呢？美国加利福尼亚大学的心理学教授索尼娅（SonjaLybomirsky）得出结论说：幸福的个体差异，有10%是由境况因素来解释的。也就是说，生活境况能决定我们10%的幸福，可见生活境况等因素对幸福的影响是比较有限的。这个结论虽然可能让你难以置信，但是证据确实确凿的，研究方法也是可靠的。

那心理学家怎么解释同样的境遇，人们的幸福水平却不一样呢？难道人的幸福水平也是先天的吗？

2. 基因与幸福

美国大卫·利肯（DavidLykken）教授从20世纪60年代开始，花了30多年时间，专门研究了基因跟幸福的关系。这30多年里，他搜集和跟踪了4000对从1936年到1955年间出生的双胞胎的信息。这些双胞胎都在出生之际就分隔两地，在不同的家庭抚养长大，人生际遇也大相径庭，那么30年后，他们的幸福体验会怎么样呢？结果发现，这些人对幸福的体验仍然惊人的相似。后来，他又分析同卵双胞胎和异卵双胞胎分别在实验开始时的幸福感分数与9年后实验结束时的幸福感分数，发现都相关程度都很高。

小结：不难看出，基因对幸福的决定作用是非常大的，生活事件可以影响幸福水平，但只是可以短时间内影响幸福。而且对幸福水平的影响只占一小部分。难道在幸福面前我们只能被动等待？当然不是，除了基因与生活境况之外，仍然有很大的决定因素呢。这正是决定我们幸福的关键因素——我们的行动。

3. 个人行为与幸福

因此，幸福的关键不在于改变基因（也改变不了），不在于改变生活境况（如发财致富、成为魅力四射的人、与更合得来的人共事），幸福的关键在于我们的主观行为。记住这一点：我们的幸福水平有很大的提升空间，这是我们每个人都能控制和改变的，是我们可以通过优化行为和思维来提升的。

我们在选择自己幸福金钥匙的时候，一定要坚持两个原则：一是这个金钥匙要符合个人的生活需要和生活方式；二是这把金钥匙要能够发挥自己的优势或者才华。

二、幸福的金钥匙

到这里，大家对幸福有了更科学的认识，了解并能确定适合自己幸福的金钥匙了。但是，要想让金钥匙用起来"灵光"，我们还需要了解它的工作原理以及注意事项。如果前面讲的算"一期工程"的话，咱后面的内容就是"二期工程"。我给大家介绍几把最具普适性的幸福金钥匙及其工作原理、使用注意事项。

需要说明的是，这些金钥匙看起来很平常，有点像陈词滥调，以至于往往被人们忽略掉。但是，大量的心理学实验证明，认真而科学的用好这些金钥匙，一定能收到令人惊喜的效果。

1. 培养乐观心态

①乐观就是优先关注事情的积极面。这个世界可能残酷可怕，也可能温暖可爱，它们都是真实的。但心理学研究发现，当看待这个世界的时候，一个人在某个时间点上只能将其中一种认识作为思维的支点。因为这两种情况是不相容的，非此即彼的。

另外，真正的乐观并不意味着忽视或者逃避所有不利的因素，也不意味着徒劳地试图控制那些无法控制的局面。

心理学研究表明，乐观的人，对于危险和威胁的警觉性更高，他们不是戴着眼罩看世界，而是非常清楚我们什么事情都不能过头，乐观也不例外。研究乐观心理的专家马丁·赛里格曼建议我们客观分析问题时不要盲目乐观。这里不是提倡一种傻傻的乐观主义，或者一厢情愿的乐观主义，而是提倡一种理性的、现实的、健康的乐观主义，这种乐观主义不是不关注风险和破坏性的方面，而是给予好的一面优先权。

②为什么乐观心态能提升幸福？

首先，有助于自我实现。研究证明，乐观的人在困难面前更可能坚持并且继续努力。此外，乐观的人会给自己制定更多、更难的目标。乐观的心态会促使我们积极主动地奋斗，不轻易放弃目标。

第二，能增强人们的应对能力，促使人们在问题出现时采取积极有效的措施。

第三，有助于提升充沛的活力，激活昂扬的斗志。

③怎样培养乐观心态呢？

办法1：写出最好的自己。找一个安静的地方坐下来，思考20到30分钟，想象1年后、5年后，以及10年后自己是什么样子（哪个方面的都行）。前提是：假设一切都如愿，自己该尽力的都尽力了，该实现的都实现了，把想象中的未来写下来。

办法2：写出大小目标。把前一个活动，稍微变化一下，在展望未来的同时，写下你的长期目标和阶段性目标。

办法3：排解悲观想法。遇到悲观的想法，把他们写出来，重新审视局面，问自己几个问题。比如：这种状况还可以怎么理解？这种状况会不会有好的一面？这种状况对我是不是一次机会？我可以从中汲取哪些教训？对我未来的行为有哪些启示？通过这次教训，我是否得到了磨砺？

在情绪稳定的时候思考以上问题，最好把答案写下来。这种正面的思考可以防止悲观和片面的思维陷入恶性循环。

小结：乐观的思维方式都有一个共同点：以正面、积极、善意的角度来看待世界。尽管不利因素挡住了前进的道路，但总能看到事情有利的一面，找到新的突破。要想变成乐观的人，一是要有主观愿望；二是要不断练习。乐观思维使用地越频繁，就越容易变成习惯。

2.表达感恩之情

积极心理学家开展了一系列实验，确定了感恩之情和人的幸福之间的相关性。

第一批实验是进行实验组和控制组的对比。实验组的成员按要求每周写下五件让他们感恩的事情，活动持续十周。两个控制组的成员按要求分别想出五件每天给他们带来麻烦的事情和发生在他们身上的五件大事。结果显示，只有实验组的成员幸福水平显著提高，他们对生活的态度更加乐观，也更加满意，甚至健康水平都出现了明显的提高，他们身体不适的症状，如头疼、痤疮、咳嗽、恶心等，也少于从前，而且锻炼身体的时间比以前增多了。

为什么感恩能提升幸福水平呢？一是有助于人们用心体会生活中的美好经历。二是有助于提升自我价值、增强自尊心。三是有助于人们应对压力和伤痛。四是有助于减少负面情感。

如何开展感恩行动呢？

一是写感恩日记。把每天生活中发生的让你感动、开心及感觉幸福快乐的事情用三言两语记录下来，并写清楚事情发生的原因。如果你喜欢写作，善于写作，或者写作对你来说是一件自然的事情，那么写感恩日记就是一种好的方法。心理学实验显示，平均每周记一次感恩日记对提升幸福水平最有效。当然写感恩日记并非是对生活中消极、悲观事件的否认和逃避，而是更加关注生活光明面的一种积极的心理策略。二是直接表达感恩之情。可以通过书信、电话或者当面表达感恩之情。对于恩人，比如父母、老师、老朋友等，要大胆的表达感恩之情。如果选择一个特殊的日子（比如生日、聚会、假日等）或者平常的一天去看望他们，并且当面把感激的话说出来给他们听，用语言详细再现他们当年对你的帮助，讲述他们对你生活的影响，并且告诉他们你对一切都铭记在心。心理学家马丁·赛里格曼组织了感恩行动心理学实验，结果显示，那些完成感恩拜访行动的人，试验后幸福水平提升显著，并且这种好心情在试验后保持了一周甚至一个月以上。

感恩这把金钥匙使用的最重要的注意事项就是，要不断变换表达方式。如果一个人每天都以同样的方式表达感恩，他会感到厌倦，并且不再用心去做这件事情。可以每隔几周就变换一下感恩的方式：时而写感恩日记，时而跟人交谈，时而采用艺术语言来表达感恩。还可以有意识地变换感恩内容。

3. 多做善事

做好事为什么能使人幸福呢？

一是做好事能减少自己内心的内疚和不快，减少对别人所产生的尴尬。二是做好事能改善对自己的认识。因为做好事的时候，是把自己当成一个对他人有用的人，一个富有同情心的人。这种自我认识能增强我们的自信、乐观和自我肯定。帮助他人或者做一项有意义的志愿工作可以显示我们的能力、资源和专业水平，因此帮助别人能赋予我们一种能够主宰自己生活的感觉。此外，帮助别人，还可以学习新的技能，发现自己的潜力。三是做好事帮助别人可以产生一系列具有积极意义的社交效果。你帮助了别人，别人会因此喜欢你、感激你，并且在你需要帮助的时候报答你。与人交往是一种基本的社会需求，帮助别人可以使这种基本需求得到满足，为你赢得笑容、感激和可贵的友谊。

需要提醒的是，做好事不一定要做了不起的大事，它完全可以是点滴小事，甚至是举手之劳。要记住：我们不必做圣人，也不必做完人。

需要提醒的是，做好事也要动脑子。好事做不好可能会成为坏事，做好事也可能会出现事与愿违的结果。

那么好事该怎么做呢？

时机最重要，变化很关键。做好事的第一步是确定做什么、什么时候做、做到什么程度。心理学家的实验证明，这是一个重要的决定。如果做少了，可能没有幸福感。如果做多了，可能成为你的负担，做起来不但不幸福，还会感到不快和疲劳。心理学家的建议是每周选择一天的时间，在这一天做一件大事或者三四件小事，事情应该是新奇的，与以往不同的。

避免做好事的坏处。做好事也有害处。做好事使人幸福没错，但研究发现这也是有条件的。有时，帮助别人会有害于自己的身心健康。比如，研究人员最熟悉的一类帮助是专职照顾一位长期生病或者瘫痪在床的亲人。研究发现，长年照顾老年痴呆症老伴的人与其他人相比，抑郁程度要高出三成。还有些人长年照顾脊椎受损的老伴，也承受着体力和精神上的巨大压力，容易出现疲惫、暴躁、怨恨。

此外，做好事应该是自愿的，自发的，这样才能得到最大的幸福回报。如果你是被迫帮助别人，心中必然会生出怨愤，有一种被利用的感觉，所以在这样的情况下做好事恐怕就弊大于利了。

4. 发展关系培养感情

发展关系才能带给我们良好的社会支持。社会支持可以带给我们实实在在的帮助，还可以带来巨大的精神支持；也可以是信息支持。前面提到，拥有更多社会支持的人更幸福。培养感情的几种方法：

①时间投入。最重要的办法是双方交谈，常常交谈。幸福的婚姻中双方每周至少交流 5 小时。所以，增进感情的第一条建议是每周抽出一些时间与伴侣交谈。比如，早晨离开家的时候，留心一件对方今天要做的事情。晚上回家后找个放松的环境进行一次"相聚谈话"，并且在谈话过程中用心倾听。

②表达敬佩、感激和感情。婚姻研究 20 年得出了一个重要结论，其中的一条就是幸福的婚姻中，双方之间的正负评价或行为的比率为 5:1. 这就是说，每一个负面评价或行为——批评、指责、教训，对应着 5 个正面的评价或行为。所以，为了婚姻幸福，需要增加正面的评价或行为。你可以从表达感情开始，可以用口头语言表达，也可以用肢体语言表达，还可以用行动表达。

③喜对方之喜。社会心理学家告诉我们，衡量亲疏关系的标准不是看我们对对方的不顺或不幸做何反应，而是要看我们对对方的喜事做何反应。如果你们彼此的表现是真诚的喜悦、支持、理解，那么你们的关系会更加亲密。因此，建议我们给予有好事眷顾的朋友家人以积极地、有建设性的反应，表现喜悦、兴趣和热情。研究表明，一周内，每天尝试三次喜他人之喜，你会收获更多的幸福，减少很多的郁闷。如果，你的爱人或朋友兴高采烈地告诉你什么事，你应该专注地倾听，饶有趣味地提问，和他一起再次体验、享受这次经历。如果你为他高兴，就要将幸福表达出来；如果方便的话，还可以计划庆祝一下，并且把好消息告诉他人。研究发现，那些在他人喜事面前表现出漠不关心或批评打击态度的人，与他人之间的关系是疏远的、缺乏信任的。

练习：假如今天晚上，你跟自己的伴侣或其他亲人、朋友有时间相聚，交流一下，你准备跟他交流个什么话题？他最近做的些什么事是值得你赞扬或者感激的？你准备怎么表达你的赞美或感激之情。

5. 提高应对困难、压力和不幸的技能

心理学上习惯于将应对分为两类：一类针对问题本身，叫问题应对策略；另类针对当事人的心理，叫心理应对策略。

①第一种应对方式，叫问题应对策略。能够针对问题采取应对措施的人，在问题解决前后的心理状况一般比较稳定，不会过于沮丧。下面是一些应对的做法：

- ·规划行动方案，权衡利弊
- ·集中精力优先解决紧急且重要的事情
- ·向别人请教
- ·请能帮忙的人帮忙

最重要的问题应对策略就是寻求社会支持。在面临压抑、悲痛和苦难时，寻求他人安慰、理解和帮助是最有效的应对办法之一。他人的支持不仅可以减轻悲伤和焦虑，还有益于身心健康。

②第二种应对策略是，心理应对策略。有的是行为策略，如做另一件事分散精力，从事体育锻炼，与知心朋友谈心等；有的属于认知策略。如从乐观的角度重新解读困难、接受现实。最重要的心理应对策略是在困难和创伤中成长。比如，学会从新的视角看待生活，懂得了生活有更大的价值，性格上得到了磨炼。虽然乍看上去，在生活的大苦大难中寻求收获是不可思议的，但心理学家在大量的研究中找到了证据。

总之，在困难中寻求收获、在困难中成长是一项极其有效的应对策略。遭受损失和打击没关系，关键是要从中参透人生的价值。很多人在经历磨炼之后表示，他们与亲友或家人的关系改善了，他们看问题比以前更深刻了，对人生的理解也更透彻了。

6. 多做能让自己全身心投入的事情

"流畅"就是对事情全身心投入，完全沉浸其中。当人们处于流畅状态时，人会感到自身特别有价值，自我技能得到了充分发挥，精神状态会异常振奋，行动有条不紊，完全忽略其他的一切，甚至会不觉得饥饿、疲劳和不适。

值得提醒的是，创造流畅经历的关键是找到技能和挑战之间的平衡。如果事情给你带来的挑战远远超过你自身的技能，你必然会感到焦虑和受挫；如果所做的事轻而易举，那又容易让人厌倦。吸引你，让你"流畅"从事的事情是在二者之间：既不让你感到焦虑，也不让你感到厌倦。如果你能够找到二者之间的平衡，你就能够体会到"流畅"的幸福了。"流畅"带给人自然的酣畅淋漓的幸福感。

7. 享受生活之美

享受生活可以分成三种，享受过去，享受现在，享受未来。不论是哪种方式，都可以给人带来强烈的幸福感或经常的幸福感。善于享受过去的人，能够重温欢乐时光，有利于缓解压力。善于享受现在的人，可以沉浸于当下的美好感觉或欣赏美好事物，有利于摆脱抑郁、压力、负罪和耻辱的心理。善于享受未来的人往往比较乐观、情绪饱满。

8. 为目标而奋斗

心理学发现有生活目标的人比没有目标的人要幸福得多，而且为目标而奋斗的过程给人带来的幸福感丝毫不亚于目标实现带给人的幸福。第一，有目标就会感觉自己的行动时有意义的，自己能主宰自己的生活；第二，心怀志向会增强人的自尊心和自信心；第三，为目标而奋斗的过程也是规划生活、赋予生活意义的过程；第四，为目标而奋斗通常会涉及与人打交道，这种社交活动本身就是一种幸福的来源。

课堂实践：写出自己生活中最重要的目标。

那我们追求什么样的目标呢？

为自己内心真正向往的目标而奋斗会给人们带来更多的幸福和满足。外在目标反映的是他人的期望，容易让人屈服于外界压力和同伴压力，会增加焦虑，降低幸福水平。

积极创造成就的目标。可以根据人对待目标的心情分成积极和消极之分。越来越多的研究显示，从消极角度看目标的人，心情和身体上都不如那些持积极态度的人。

和谐的目标。如果你同时拥有一个以上的目标，那么显然他们应该是互补的、和谐的。追求相互矛盾的目标，会让人心烦意乱、倍感挫折，以致最终不得不全部放弃。如果很难协调的话，放弃其中一个目标，比都牺牲掉要好。

灵活的目标。即到什么时候说什么事，根据生活重心的变化，灵活变动自己的目标，我们才能得到最大的幸福。20岁、40岁、60岁的人追求的目标就不一样，研究表明，年轻人所追求的多数是学习新知识、获得新信息、尝试新事物。如果让他们在最崇拜的作家和最亲近的亲人之间选一个共进晚餐的对象，他们会选作家，而年长者会相反。总之，目标随时间而变化，会更幸福。但不管我们的目标是什么，有一点可以肯定，与放弃目标相比，追求目标可以带给我们更多的幸福。

小结：积极心理学家研究总结的幸福金钥匙还有很多。金钥匙不一定要拥有很多，关键在于把拥有的用活用好。气象学上有个蝴蝶效应，说的是一只蝴蝶在北半球扇动了它美丽的翅膀，产生了一阵微风，引起的微弱气流能在流动过程中积聚越来越大的速度和力量，最终能在南半球引起龙卷风。我们每个人就像那只蝴蝶，每个提升幸福的小行动，都能延宕开来，让幸福变得越来越多，越来越浓，进而让自己的亲朋好友都受到感染，更加幸福！

（妇女干部培训用）

幸福梦为中国梦增福

中国梦气象宏大，意境高远，饱含着一个历经磨难的国家和民族对伟大复兴的诚挚渴望。这个梦想真切实际，具体入微，彰显了各阶层人民群众对幸福生活的热切期盼。正如习近平总书记所说："实现中华民族伟大复兴的中国梦，就是要实现国家富强、民族振兴、人民幸福"。

一、点燃梦想同追幸福

有人说，中国梦连着人民梦、国家梦、民族梦，所以是"一梦连三梦"。与其这样，还不如说，人民梦、国家梦、民族梦合成了中国梦，它们是"三梦合一梦"。因为这三梦只是对中国梦从不同层面的不同表述而已。对于每个中国人来说，"中国梦"就是人民的幸福梦。

一代又一代的中国人为民族复兴和国家富强前赴后继，英勇奋斗，书写出震撼人心的奋斗史诗。其间积累的成功经验、失败教训，告诉我们这样一个深刻的道理：只有植根人民，激发人民追梦的渴望与热情，依靠人民追梦的创造和努力，中国梦才不会成为水中月、镜中花，最终才能梦想成真。

在当代中国，人民是国家的主人。归根到底，人民才是实现中国梦的主体力量。同时，中国梦又是最贴近人民生活的梦，让人民有更好的教育、更稳定的工作、更满意的收入、更可靠的社会保障、更高水平的医疗卫生服务、更舒适的居住条件、更优美的环境等都是中国梦的题中之意，人民是实现中国梦最主要、最直接的受益者，中国梦就是为了造福人民。亚里士多德说："幸福是人生的意义和目的，是人类存在的全部目标和终点"。这充满智慧的哲学思辨，启发我们赋予"中国梦"浓重的幸福色彩。激发人民迸发出更强大的精神能量，高歌猛进，走进幸福，是中国梦的着眼点；顺应人民对幸福生活的热切期待，满足人民的主观幸福需求，提高人民的幸福指数，是中国梦的落脚点。简而言之，中国梦就是人民的幸福梦。

中央电视台 2012 年的一项调查显示，老百姓最关心的经济生活话题中，位居前三名的是：养老、物价、房价等切身的民生问题。由此可见，人民的幸福梦，首先是衣食住行的民生梦。人们期盼有更好的教育、更稳定的工作、更满意的收入、更可靠的社会保障、更高水平的医疗卫生服务、更舒适的居住条件、更优美的环境，这就是中国百姓最实在的民生幸福，为"中国梦"增添了浓厚的现实味道。此可谓人民幸福梦的基础层次。

从心理学角度讲，人追求幸福的实质就是不断满足自身需求。美国心理学家马斯洛提出了人类的需求层次理论，他将人的需求分为五种，分别为：生理上的需求、安全上的需求、情感和归属的需求、尊重的需求、自我实现的需求。这五种需求，像阶梯一样从低到高，按层次逐级递升。它让我们认识到：丰衣足食，环境优美，还不足以撑起梦想的风帆，让每个人能有尊严地活着，把命运掌握在自己手里，享有人生出彩的机会，享有梦想成真的机会，享有同祖国和时代一起成长与进步的机会，也是人民幸福梦的题中之意。这些赋予中国梦浓厚的理想色彩，同时构成了人民幸福梦的高级层次。它与基础层次一起，让人民群众的幸福梦头顶理想的天空，脚踏现实的大地，引领人民群众奋勇向前。

二、三位一体共筑幸福

国家富强、民族振兴、人民幸福三者互为表里、相互渗透，相互融合，互为支撑，互为动力，构成一幅意境高远、意象壮美、气韵生动的和谐梦境。

只有国家富强，才会为人民幸福提供既多又好的生活条件和公共服务，才能不断满足人民群众日益增长的物质文化需要，为人民的幸福生活提供基本保障。一个积贫积弱的国家，如何有条件为自己的人民群众提供满足其需要的生活条件和公共服务呢？人民陷入饥寒与痛苦之中，幸福又从何谈起呢？只有民族振兴，才能不受欺凌和侮辱，产生民族自豪感和自信心，在国际上扬眉吐气，受人尊重，享有尊严，体验积极情绪，产生主观幸福感。一个面临强者欺凌奴役，面临国际社会无视甚至蔑视的民族，其人民的幸福感又从何而来？

在一个人民幸福和民族振兴的国家里，人民群众的民族自豪感会更强，工作生活的自觉性、积极性、主动性、创造性都会更强，心理和谐程度也会更高，人际交往会更加顺畅，从而使社会更加和谐，为国家富强和民族振兴的实现提供了坚实基础。中国特色社会主义强调人民当家做主，坚持"情为民所系，权为民所用，利为民所谋"，实现国家富强和民族振兴基础上的人民幸福和人民幸福意义上的国家富强、民族振兴。

三、矢志不渝圆梦幸福

梦想不是等来的，也不是想来的，而是矢志不渝追来的。朝秦暮楚，见异思迁，梦想会成为南柯一梦；坐而论道，纸上谈兵，梦想会成为一枕黄粱。只有锲而不舍，团结一致，戮力同心，才能梦想成真。

（一）众志成城凝心聚力让国家、民族和人民梦想成真

1. 根本保证：始终坚持党的领导

近代以来波澜壮阔的中国历史告诉我们：任何一种政治力量，都不能跟中国共产党一样，如此高瞻远瞩、高风亮节，如此深得民心。实现中国梦，发挥党的掌舵力、指挥力、坚韧力，依靠党的政治领导至关重要。

实现国家富强，民族振兴，人民幸福，不仅是中国共产党不变的初衷，更是共产党追求的政治理念和价值。中国共产党继承和发展了马克思主义幸福观，始终把全心全意为人民服务作为党的宗旨，始终把人民幸福作为革命和执政的根本目标。"中国共产党是领导和团结全国各族人民建设中国特色社会主义伟大事业的核心力量，肩负着历史重任，经受着时代考验"，习近平主席的重要讲话，指出了党的领导对于实现中国梦的极端重要性。在中国，带领人民群众实现中国梦，唯有共产党能担当！

2. 基础目标：全面建成小康社会

作为激励人心、凝聚人心的中国梦，不仅应该具有被过去验证无比正确的历史性，具有被将来验证无比可靠的可行性，更应该具有被现实验证无比具体的可见性。简而言之，中国梦应该是长远目标和现实目标的结合。

党的十八大提出了全面建成小康社会的奋斗目标，这个阶段性目标是"中国梦"具体而微的表现，属于是中国梦的基础目标。"实现国内生产总值和城乡居民人均收入比二〇一〇年翻一番""基本公共服务均等化总体实现，全民受教育程度和创新人才培养水平明显提高，就业更加充分，收入分配差距缩小，社会保障全民覆盖"，十八大报告对全面建成小康社会的描述，让中国梦变得触手可及，看得见，摸得着，享受得到。小康社会目标既赋予中国梦以承前启后的连续性，又赋予中国梦以步步攀登的阶段性，还赋予中国梦坚定追求的务实性。

3. 重要保证：构建社会主义和谐社会

2011 年，中国终结了日本数十年仅次于美国的"经济奇迹"，正式成为仅次于美国的全球第二大经济体，国人无不为之振奋。改革开放以来的经济成就可圈可点，人民生活总体上实现了由温饱到小康的历史性跨越，令人鼓舞。但是，经济增长与社会发展的矛盾、资源开发与环境保护的矛盾等也同时摆在我们面前。

"民主法治、公平正义、诚信友爱、充满活力、安定有序、人与自然和谐相处"这些建设社会主义和谐社会的要求，无一不体现着中国人民对美好生活的期待，体现着中国梦的价值追求，它将贯串实现中国梦的全部过程，为中国梦注入源源不断的正能量，让中国梦的实现步入快车道。

4. 根本方向：必须指向中国特色社会主义

中国特色社会主义坚持了科学社会主义的基本原则，代表了中国先进生产力和整个社会的发展方向，体现了中国最广大人民群众的价值追求，既是一面希望的旗帜，吉祥的旗帜，又是一条光明之路、宽广之路，是号召全国上下同心同德、同心同向、同心同行，实现民族振兴、国家富强、人民幸福、社会和谐的唯一正确之路。

全国各族人民在党的坚强领导下，自觉增强对中国特色社会主义的理论自信、道路自信、制度自信，坚持高举中国特色社会主义伟大旗帜不动摇，坚持建设中国特色社会主义的目标不动摇，保持积极、振奋的精神状态。不懈怠，尊重规律，尊重人民，科学决策，不折腾，不为任何风险所惧，不被任何干扰所惑，沿着中国特色社会主义道路，不断丰富中国特色社会主义的实践特色、理论特色、民族特色、时代特色，才能把中国特色社会主义不断推进新的发展阶段，最终创造出幸福的生活和美好的未来。

5. 力量源泉：必须凝聚中国力量

国家、民族、人民是由无数个有生命的个体组成的。没有每个人的梦想成真，国家、民族、人民的梦想就会成为空中楼阁。"我们的人民热爱生活，期盼有更好的教育、更稳定的工作、更满意的收入、更可靠的社会保障、更高水平的医疗卫生服务、更舒适的居住条件、更优美的环境，期盼着孩子们能成长得更好、工作得更好、生活得更好。人民对美好生活的向往，就是我们的奋斗目标。"习近平总书记已经指出中国梦的努力方向，落实中国梦，需要从每个具体的梦开始。凝聚全国各族人民大团结的力量，让人人参与到圆梦幸福的实践中来，充分发挥人民的主体作用，让广大人民创造幸福生活的积极性、主动性和创造性充分涌流，最大限度地激发每个人创造幸福的活力，梦想才会照耀每个人的生活现实。"用心圆梦，品味幸福"一旦成为全体人民的自觉追求和自觉行动，就会升华为神圣的国家意志、民族意志，成为不可抗拒的变革社会的伟大力量，并创造出让世界景仰和称颂的人间奇迹，中国梦的实现才会圆满美好。

6. 前提保障：必须求真务实见行动

实干是成事之基。让中国梦照进现实，关键在于行动、在于实干。

只有求真务实，真抓实干，才能取得实实在在的效果，让人民享受实在的幸福。三十几年前，深圳蛇口工业区竖起一块"空谈误国，实干兴邦"的醒目标牌，摆脱一场姓社姓资的无谓争论，拉开了"中国故事"的序幕，让人们在富裕大道上阔步向前。中华民族百余年的奋斗史，中国共产党六十余年的创业史，改革开放三十余年的创新史，无一不告诉我们：空谈误国，实干兴邦。

"道虽迩，不行不至；事虽小，不为不成。"只有苦干实干，才能托起中国梦想。当今，国际形势风云变幻，国内发展攻坚克难。不干，只能停留在梦中。怎样让人民对美好生活的向往落实为执政兴国的具体措施？如何通过不断创新释放"制度红利？"，这些问题等待中国共产党人以实干之姿态，踏踏实实地担当责任，带领全国人民走进中国梦，走进幸福。

（二）科学选择积极行动让个人梦想成真

1. 前提：科学选择幸福方案

确定个性化的幸福方案要充分考虑自己的优势、才华和目标，发挥自己的长处。例如，一个喜欢交际的人，可以通过建立广泛的人脉，获取广泛的社会支持，来提升自己的幸福水平。一个享受建功立业的人，可以通过潜心追求某个重大人生目标来提升幸福水平。

确定个性化的幸福方案还要考虑到是否符合个人的生活需要和生活方式。比如，你喜欢的生活是有条不紊，秩序井然的，那么你所选择的方案及行动应该是不打乱你正常生活秩序的。比如，情场得意而职场失意的人，应该选择那些能够让人更享受工作或者得到更多工作机会的活动。就好像饮食一样，每个人都可以根据自己的喜好来调整自己的饮食。同样。每个人也可以根据自己的性格与生活方式来选择自己的幸福之道。选对了，容易走上幸福大道；选错了，就会南辕北辙。

2. 关键：积极践行幸福行动

（1）心中有信仰精神有依托

哲学家的思辨和心理学实验都表明，物质的丰裕并不能填补人们内心的空虚，幸福的程度不和拥有财富的多少成正比。在内心深处构建一处独属于自己的精神大厦，对人生幸福尤为重要。

越来越多的研究显示，有信仰和精神依托的人，身体更健康、生活更幸福。

（2）眼中有目标努力有方向

心理学研究发现有生活目标的人比没有目标和梦想的人要幸福得多。有的人致力于工作，有的人更重视家庭、社会交往和精神生活。为目标而奋斗的过程给人带来的幸福感丝毫不亚于目标实现带给人的幸福。因为，目标会使人产生行动的方向感和意义感，产生命运主宰感，使人增强自尊心和自信心。

外在目标反映的是外在的期望，往往不是内在愿望的反映。它的实现，给人带来的幸福感较低；内在目标则反映了个人的真实愿望，更容易满足人的心理需求，使人幸福。确定目标时，将两者结合是最好的抉择。研究发现，将两者结合的目标，会让人更幸福、更健康，更勤奋。实现目标需要付出耐心的坚持和刻苦的训练，甚至克服很多痛苦，但是，痛苦后的成就感、满足感、自豪感等积极感觉更强，会让人感觉更好。

生活实践证明，人的多重角色，常常使人面前会有多个目标。如果它们让人心烦意乱、倍感挫折，那就需要就得铭记"鱼和熊掌不能兼得"的智慧，根据实际需要进行调整，分清主次轻重，理性选择，明智放弃。如果它们是和谐的、互补的，那就满怀热情，积极行动，人的精神生活更充实满足，人际关系会更生动活泼，人生意义会得以强化，从而为幸福人生提供更多源泉。

（3）思维要辩证心态要乐观

幸福感是一种主观体验，与人们的心理感受关系密切。从某种意义上说，决定人们是否幸福的并不是实际发生了什么，关键是人们对所发生的事情在情绪上做出何种解释，在认知上进行怎样的加工。不科学的思维方式，会导致主观认知与客观现实不协调，及至心理上的不和谐，心理纠结、失衡就此产生，幸福感随之大打折扣。辩证思维决定了认知的科学性与合理性，能够使主观认知与客观现实协调一致，促进心理的和谐，为幸福感提供坚实的心理基础，

不少人都听过这样一个故事：一个老太太有两个女儿都做生意，大女儿是卖扇子的，小女儿是卖雨伞的。天晴时，老太太就为小女儿担忧，担心雨伞卖不出去；天阴时，老太太就为大女儿忧虑，担心扇子卖不出去。如此一来，老太太的日子过得很忧郁。邻居问她为何总是满脸忧伤。老太太说明情况。邻居笑着说："老太太，你真好福气呀！天晴时，你的大女儿生意很好；天阴时，你的小女儿生意兴隆。"老太太听了，顿时感觉豁然开朗，转忧为喜。邻居的提醒，使老太太看到客观事实的两个方面，并以积极心态作为思维的支点，避免了试图控制那些无法控制因素的徒劳，以正面、积极、善意的角度来看待生活事件，有效防止了悲观和片面思维陷入恶性循环，保持了愉悦的心情和充沛的活力。

（4）感恩要表达真情要传递

用感恩的心去看世界、看他人，人就可以从现有的生活中得到最大的幸福和满足。比以前更加自信，更有效率。常怀感恩之心，人会更容易摆脱过往那些痛苦的记忆，即使有时旧伤再次被触碰，感恩的心态也会保护心灵不再经受刺痛的折磨。

感恩对幸福感的提升过程可能是通过缓解消极情绪体验、消除心理痛苦来直接实现，也可能是通过其他中介或调解因素来间接实现。不管发生作用的机制怎么样，感恩能让生活更加丰富充实和富有意义，从而长久地培养人发现幸福、创造幸福并体验幸福的能力是不容置疑的。心理学家马丁·赛里格曼组织了感恩行动心理学实验，结果显示，那些完成感恩行动的人，实验后幸福水平提升显著，并且这种好心情在实验后保持了一周甚至一个月以上。古人说，赠人玫瑰，手有余香。因此，感恩如心灵的泉水，源源不断，滋润心田，使之免于干涸；感恩能让生命充满生机，洋溢朝气，遍洒阳光，享受生活的美好和幸福。

（5）道德要提升善事适度做

《论语·述而》有云："君子坦荡荡，小人长戚戚。"一个具有崇高品性的人，才会具有坦荡、宽容的胸襟和平静、淡泊的心境。如果一个人无视道德的各种行为准则，无视他人或公众的利益，一味追求个人的满足，那就免不了陷入心术不正，不择手段的恶性循环，最终将受到人们的谴责和自己良心的折磨。试想，一个人患得患失，精神不安，幸福何来？因此，只有追求建立在道德基础上的幸福，在道德约束的前提下追求幸福，才能心安理得，享受到真正的幸福，幸福才会恒久。

（6）人际关系要发展社会支持要全面

心理学研究表明，人类有一种强烈的心理需求：寻求和维系稳固、美好的人际关系，强烈抵制感情的缺失和友谊的破裂。如果没有归属感，人们的身心健康都会受到损害。大多数科学家都认为，人类对形成和维系关系的渴望是一种进化的表现。没有这种渴望，人类就不可能生存繁衍下来。

良好的社会关系能够满足人类的多项需求。不仅可以提供物质上的援助，而且给予个人主观体验或情绪上的支持，使个人感到在被尊重、被支持和被理解。

发展良好的社会关系，可以在一个人经受压力、郁闷和痛苦的时候，及时提供足够的社会支持。心理学实验表明，家庭、恋人、室友、朋友等的社会支持，在缓解个人心理压力、消除个人心理障碍，促进个体的心理健康，提升个人幸福感方面起着重要作用。

在亲人、朋友需要的时候，及时伸出援手，给予必要的支持和帮助，会使人收获更多的亲情和友情，增强归属感和价值感，进而提升幸福感。在一定时期内，为朋友、亲人留出特定时间，敞开心扉，进行诚实、平静的沟通交流，以积极的方式表达关心和支持，以自然的方式表达敬佩和感激，以联动的方式享受成功的欢欣和喜悦，可以使关系更加亲密，实现人际关系和人生幸福的良性互动。

中国梦凝结了中华民族共同的利益追求，为全国各族人民指出了奋发努力的方向。中国梦植根于伟大的中华民族精神，植根于中华民族深厚的历史土壤，植根于务实进取的人民群众，根基深厚，生机勃发。尽管中国梦的实现不能一蹴而就，不会一帆风顺，但是，有中国共产党的坚强领导，有亿万人民的努力奋斗，我们一定能够实现中华民族宏大复兴的中国梦，共圆中华民族的"幸福梦"。

（发表于《党课参考》2013 年第 5 期）

提升学习本领

当今社会,科学技术迅速发展,信息知识急剧增长,知识更新周期越来越短,创新频率越来越快,人的素质必须跟着"水涨船高",才能适应新时代工作和生活的需要。学习,因此成为个人、组织以及社会的迫切需要。依靠学习具备更多真才实学,练就实实在在地"高强本领",成为摆在现代人面前的紧迫任务。

一、与时俱进,热爱学习,才能把握主动

进入新时代,面对新任务新要求,只有加强学习,才能紧跟时代步伐,持续解放思想,更新观念,科学分析客观形势,准确把握事物发展规律,抓住工作关键,使专业素养和工作能力有效满足工作需求,增强工作的科学性、预见性、主动性,避免陷入少知而迷、不知而盲、无知而乱的困境。

1. 本领恐慌:党员干部"人在囧途"

进入新时代,中国经济社会发展呈现出一系列阶段性特征,新情况、新问题、新矛盾层出不穷。很多党员干部能力提升速度赶不上时代发展的脚步,缺乏新形势下做好工作的新本领,不得不靠"三走"来回避,或用老思路、老办法来应对,结果变成蛮干盲干,最终事与愿违。这就是经常被老百姓揶揄的"新办法不会用,老办法不管用,硬办法不敢用,软办法不顶用"。这种现象的根源就是"本领恐慌"。随着形势和任务不断发展,党员干部工作适应的一面不断下降,不适应的一面却不断上升。只有抓紧增强本领,才能胜任领导改革开

放和社会主义现代化建设的繁重任务。

2. 知识更新：突飞猛进日新月异

现代人才学提出了一个"蓄电池理论"：人的一生只充一次电的时代已经过去，只有成为一块高效蓄电池，进行不间断的、持续的充电，才能不间断地、持续地释放能量。新时代，党和国家事业对党员干部提出了新的更高要求。这就要求党员干部应时而动，强化危机感、本领恐慌感，时刻想着"充电"，把学习作为经常性的任务，不停地学习，天天学，处处学，终身学，才能赶上时代发展步伐。党员干部需要对标新形势新要求，对自己的政治能力、专业能力做"透视检查"，找出知识的空白点、经验的盲区。在此基础上，坚持实事求是、与时俱进，做到干什么学什么、缺什么补什么。

3. 知识结构：没有最好只有更好

不断优化知识结构，是适应加快经济发展方式转变、推动经济社会又好又快发展的必然要求。按照知识结构组成的特点，党员干部需要的知识分为三类。一类是本体性知识，一般指特定的学科知识；第二类是条件性知识，主要指党的理论路线、方针政策、国家的法律法规、公文写作、计算机操作等与公务相关的知识；第三类是实践性知识，主要指面临公务时具有的情景知识。本体性知识和条件性知识是党员干部工作的基础，实践性知识则是创造性运用知识为人民服务的重要条件。进入新时代，党员干部面临的工作日益广泛而复杂，只有让知识结构优化"永远在路上"，才能根据群众的最新需要，为群众提供更具时代感更高水平的服务。

二、优化方式，善于学习，才能事半功倍

当前，大多数党员干部已经认识到加强学习的必要性和紧迫性，并产生了加强学习的强烈愿望。但实践中面对书林学海，有的动力十足却无从着手，有的十分努力但效果不佳，有的读书无数，却主次不分。实践证明，要想学得主动、学得深入、学得有效，关键在于掌握学习之策，学而有方。

1. 自主学习：自立自为自律

在工作岗位上的学习不同于大中小学的学习，这种学习常常既没有领导要

求，也没有老师督促，更多的是自己自觉主动确定学习目标、制定学习计划、选择学习方法、利用学习资源、监控学习过程、评价学习结果，这种学习方式就是自主学习。自主学习使党员干部不受外界干扰，通过阅读、听讲、研究、观察、实践等手段使知识和技能得到持续的变化。增强学习的自觉性、自主性，是党员干部一项长期必修课。一要明确加强学习是克服本领恐慌的前提条件；二要不把自己等同于普通群众，坚持把学习培养成第一爱好；三要努力把学习养成自己的第一习惯，并终身坚持。正如习近平总书记指出的："把读书学习作为一种生活态度、一种工作责任、一种精神追求"。

2. 研究性学习：深钻细研学深悟透

由学习者自主发现问题、探究问题、获得结论的学习方式是研究性学习。这种学习方式由学习者从学习生活和社会生活中选择和确定研究专题，主动地获取知识、应用知识、解决问题。这种学习方式，讲求独立思考，多读多思、反复读反复思，善于采取分析、比较等方法去粗取精、去伪存真、由此及彼、由表及里，注重把所学的知识放置在一个恰当的历史背景下，领悟出治国理政方略。我们在读书学习中，也要用心用脑去真读、真学、真思考，善于用敏锐的眼光洞察新形势、用开放的理念谋划新思路、用务实的态度探索新方法，努力提高学习水平和思维层次。

3. 理论联系实际：学以致用以学促行

毛泽东强调："马克思主义的'本本'是要学习的，但是必须同中国的实际情况相结合。我们需要'本本'，但一定要纠正脱离实际情况的本本主义"。他旗帜鲜明地同各种不良的学习风气作坚决斗争，特别反对经验主义和教条主义，为我们树立了学习榜样。当前，全党上下都把实现中华民族伟大复兴的中国梦作为崇高理想，但也面临"四大考验""四大危险"等种种困难和问题，直面发展问题、勇于破解发展难题，对有关中国梦实现的一系列新问题、新任务，做出务实而睿智的回答，是历史给当代中国共产党人提出的重大历史课题。解答好这些问题，必须始终坚持理论联系实际，学以致用，用以促学。

三、找对方向，突出重点，才能不辱使命

学习需要"低头拉车"，下苦功夫，锲而不舍，持之以恒，更需要"抬头看路"，坚持正确的政治方向。党员干部学习必须始终坚持马克思主义这个根本的政治方向，使之成为党员干部学习最突出、最鲜明的特色。信息时代，知识更新不断加速，党员干部的学习涉及多个学科多个领域，但学习不能眉毛胡子一把抓，要突出马克思主义理论这个学习重点，才能承担起落实好"为人民谋幸福为中华民族谋复兴"的初心和使命。

1. 学习的根本原则：党性原则

对于党员干部而言，学习不但是个人爱好问题，还是修养问题，更是政治问题。党员干部抓好学习，必须讲党性，这是马克思主义政党的本质要求，也是学习的灵魂和基石。无论学什么，无论怎么学，无论在什么时候、什么情况下，党性原则都不能丢、不能忘。党员干部必须清醒地认识到：读书学习不是为了"升官发财"，而是为了增强党性，给人民群众提供更高水平的服务。坚定不移地坚持党性原则，深刻理解党的意志、党的主张，增强对以习近平同志为总书记的党中央的思想认同、政治认同、情感认同，进而自觉与党中央保持高度一致，应该是党员干部读书学习的"铁律"。

2. 学习的重点：马克思主义理论

党员干部的工作具有广泛性和综合性的特点，科学技术的不断发展和行政管理的复杂性，要求党员干部必须具备广博的知识，不仅要有良好的文化素质，而且必须建立适应形势发展需要的知识结构。因此，学习也必须"全面"展开。但是不是要各方面齐头并进，平均用力，还需要突出马克思主义理论这个学习重点。马克思主义是科学的理论、人民的理论、实践的理论，是中国共产党人认识世界、把握规律、追求真理、改造世界的强大思想武器，是我们做好一切工作的看家本领，也是领导干部必须普遍掌握的工作制胜的看家本领。

3. 学习的目标：掌握思想武器和实践利器

马克思主义是我们认识世界、把握规律、追求真理、改造世界提供了科学

的思想武器和有效的实践利器，学习它，不能用学习陈述性知识的模式，把经典作家的个别词句和具体论断当作一成不变的教条，而应该用学习程序性知识的学习方法，重在学习和掌握蕴含其中的马克思主义立场观点方法，运用它来正确看待历史、现实和未来，科学认识当今中国变革和当代世界变化的一系列基本问题，把它创造性地运用到工作岗位中，摸索出适合自己的具体工作方案。

四、尊重规律，持之以恒，才能日益精进

学习是一个潜移默化、日积月累、循序渐进的过程，认识并尊重这个规律，才能避免急功近利，肤浅浮躁。毛泽东曾说："苟有恒，何必三更起五更眠；最无益，只怕一日曝十日寒。"这进一步启示我们学习是一个长期的需要付出辛劳的过程，不能心浮气躁、浅尝辄止，而应当先易后难、由浅入深，循序渐进。古今中外，凡是取得重大成就之人，都有一个成功的秘诀：那就是坚持。

1.组织督学自我劝学：激活内外动力

对党员干部来说，日常工作十分繁忙，要想抽出大段时间专门学习，很困难。最好的方式就是利用好组织的劝学和督学，增强理论修养。比如，群众路线教育实践活动、两学一做学习教育、不忘初心牢记使命主题教育，还有机关学堂、各种报告会等机会，都是学知识的重要契机。其次，还可以利用一些学习的机会，比如继续教育考试、职称晋升考试等机会，让自己形成学习习惯。再次，要不断从破解工作生活难题入手，深刻体验学习的"有用之用"，进而强化学习的内在动机。

2.由浅入深循序渐进：增强学习效能感

党的理论不仅立意高远，而且结构严谨、观点鲜明、逻辑性强、精辟简洁。它的学习不同于一般的知识的学习，从认识规律来说，必须遵循由简单到复杂、由已知到未知、由具体到抽象的认识过程，遵循由浅入深、循序渐进的规律，才能体会到学习的效能感，增强学习积极性。第一步要坚持全面通读，一章一节、逐字逐句读，力争研机析理，将各个方面、各个章节的重大思想理论和安排部署作为整体来把握。第二步要坚持深入精读。在整体把握的基础上突出学习重点，将精力和时间优先分配到学习重点上来。第三步是反复研读。在"通读"、

"精读"基础上反复研读，如切如磋，如琢如磨，力争掌握字里行间蕴含的马克思主义立场观点和方法，逐渐实现学习的"顿悟"，进而获得思想的力量。

3. 咬定目标梯次推进：养成学习习惯

没有目标的学习只能是空谈，有了目标，不为之坚持努力，也是空谈。研究毛泽东青年时期的学习过程，我们可以发现人的自主学习一般要经历四个阶段，通过这四个阶段，讲学习梯次推进，才能逐渐养成良好的学习习惯。第一阶段是观察和反思阶段。在这个阶段，看看别人是怎么学的或者反思自己学习有什么问题。第二阶段是模仿尝试阶段。在这个阶段，尝试用学到的别人的学习方式方法来进行学习，不断总结经验和教训，并探索属于适合自己的学习方法。第三阶段是自我控制阶段。这是最难坚持的阶段。在这个阶段要努力体验学习带来沉浸体验，还要努力体会或想象学习带来的成就感。第四阶段是自觉、习惯化阶段。经过长期练习形成了习惯，这种习惯方式不太需要意识来控制了。但它会成为党员干部有效学习的重要推手。

小结：诗经云："高山仰止，景行景止，虽不能至，但心向往之。"我们至少可以在这种向往的带动下，尽自己最大可能，取得最大的学习效果。为了不在暗沟里苦苦地走路，为了站到山上站的高望得远，让我们一起加油学习走向未来！

领导干部要讲求心理健康

一、什么是心理健康？

全面、准确理解"健康"这个概念，对于我们增强自身健康是有很大意义的。联合国世界卫生组织在 1948 年成立宣言中为健康下了这样一个定义：健康是一种身体上、心理上和精神上的完满状态，而不仅仅是没有疾病和虚弱现象。在世界卫生组织召开的初级卫生保健会议上又强调了健康的这个概念，同时还补充了道德健康。也就是说健康实际上不单纯指躯体的强壮和没有疾病，或者没有营养不良的虚弱现象，而是个不仅涉及人的生理、心理，而且涉及社会道德方面的问题的概念，生理健康、心理健康、道德健康三方面共同构成健康的整体概念。所以说，心理健康是健康这个概念的一个重要组成部分。所以，我们重视健康，除了重视身体健康外，也要重视心理的健康、精神的健康、道德的健康。今天暂不谈精神健康、道德健康，重点谈心理健康。

那么，什么是心理健康呢？这个概念目前仍是一个众说纷纭的概念。1946年第三届国际心理卫生大会，将心理健康被界定为："在身体、智能以及情感上与他人的心理不相矛盾的范围内，将个人心境发展成最佳的状态。"这个定义强调如果一个人与其他人比较，符合同年龄阶段大多数人的心理发展水平，那么这个人的心理状态就是健康的，反之就是不健康的。

综合各种认识，我们可以这样理解心理健康的含义：心理健康就是各个心理要素的协调统一和相互间的良性促进的状态。感觉、知觉、记忆、思维、情绪、情感、理性、性格、能力等都属于心理要素的范畴。这些心理要素中最重要的是：欲望、情感、理性这三个要素，它们构成人性的"铁三角"。人的心理健康与否往往取决于理智、情感和欲望的矛盾及其如何解决。人的欲望和情感就像两个调皮的小顽童，理智则像一个严肃的判官。欲望和情感之间经常会发生矛盾，需要理智这个判官来协调解决。他们还会各自向理智这个判官挑战，经常跟它闹矛盾，但最后都会平息。两个小顽童在交往中成长，谁也离不开谁了，而且也离不开指点他们成长的判官。判官也在处理他们矛盾以及他们跟自己矛盾的过程中成长和成熟。他们三个就这样在不断的摩擦中增强着亲密感，互相增进彼此的成长。这些因素协调统一，又相互良性促进了，心理就健康了。

在理解心理健康的概念时，要注意以下四个方面：

第一，一个人心理健康≠没有不健康的心理。

前者侧重描述一个人的整体状态，是侧重人，后者侧重描述一个人就某事而言的情况，是侧重事。偶尔出现一些不健康的心理，并不意味着心理不健康，心理健康与否是指在较长一段时间内持续存在的心理状态，而不是短暂的、偶尔的现象。心理健康的人不是一点心理冲突没有，而是能将这样的冲突和矛盾控制在尽可能短的时间和尽可能小的范围内。

第二，心理健康状态不是静止的、固定的，而是动态的、变化的。

这意味着一个人的心理既可以从不健康变为健康，也可以从健康变为不健康。许多情况下，健康与不健康之间并没有明确的界限。因此，心理健康的状态与其说是正常与异常这种类型上的差异，不如说是程度上的差异。

第三，心理健康≠心理和谐。

心理和谐是心理以及直接影响心理的各要素之间的协调统一、相对稳定的关系。心理健康则可以分为互相联系的两个层次：一是心理内部各成分的协调统一以及对外部人、事、环境的适应；二是对心理健康的主动保持、增进，并不断地、适当地追求发展。心理和谐和心理健康的第一个层次基本吻合。从大心理健康观的角度看，心理健康包括心理和谐的内容。

第四，心理不健康≠心理变态。

心理不健康有许多形式，心理变态只是其中的极端形式而已。根据状态，人的心理可用三区来表示：白色区、灰色区和黑色区。人处于心理白色区就是心理健康，处于黑色区就是心理变态，而处于灰色区则介于上述两者之间。它们之间是可以互相转换的，灰色心理调节得当的就会回复为白色心理，不当就会发展为黑色心理。所以仅仅心理不变态的人不一定心理健康。

二、领导干部为什么要讲求心理健康？

（一）心理健康是人生幸福之源

生活幸福，是我们每个人的人生追求。领导干部也不例外。但是，追求幸福的前提是要弄明白一个问题。那就是，在自己心中怎样才能幸福？经济困顿的人，常常感到人穷志短，很多时候难以维护自尊，所以常常感到不幸福。于是他可能会说，有钱就会幸福。可我们细心观察一番，就会发现很多大富翁整日奔波，忙碌的工作无穷无尽，他们恨不能一掷千金来换得片刻的安宁。仕途波折的人可能会说，拥有权力就会幸福。可我们细心观察一番，就会发现很多当权者日夜不安，生怕自己的权力被别人分享，几乎没有一天能睡个好觉。知识贫乏的人可能会说，拥有知识就会幸福。可我们细心观察一番，就会发现很多学富五车的人似乎没有从知识中得到幸福，有些人不仅做出了违背常识的事情，而且最后还疯掉了。业绩平凡的人可能会说，获得事业上的成功就会幸福。可我们细心观察一番，就会发现很多成功人士其实都认为自己不是最成功的一个。为了能够成功，他们像希腊神话里的西西弗斯一样不停地向山顶推着石头。无数事实告诉我们一个道理，每个人心中幸福的尺度是不同的。主宰一个人快乐幸福的根本因素不是财富、地位、权力，而是他对待生活的态度，是他的思想、心态。心可以造天堂，也可以造地狱。拥有安稳宁静的心灵才可以体验到生活的甜美，感受到人生的幸福。要让心灵安稳和宁静，心理健康可谓关键的关键。

科学研究已经发现，在许多疾病的发生、发展和演变的过程中，心理因素都扮演了重要的角色，医学界把那些主要或者完全由心理因素引起的疾病，通称为心身疾病。

现在心理学界普遍认可的心身疾病有以下几种：

第一类，原发性高血压、高血脂、动脉硬化、冠心病、心动过速等。美国进行了连续 40 年的研究，发现 A 型性格的人容易得这类病。A 型性格的人有什么特点呢？A 型性格的特点就是，急躁，没耐性，争强好胜、易激动，行动快，做事效率高，整天忙忙碌碌，经常感到时间不够用。这种性格的人常处于一种为取得工作成绩而紧张、焦虑的情绪状态，为人际关系而处于愤怒和敌意的情绪状态，所以得高血压、高血脂、动脉硬化、冠心病的概率特别高。

第二类，消化道溃疡、溃疡性结肠炎、过敏性结肠炎、神经性厌食等消化系统的疾病。得这类疾病的人往往具有不好交往，行为因循守旧，被动、顺从。依赖性强，创造性差，情绪不稳定，过分关注自己等人格特征。

第三类，支气管哮喘、荨麻疹等疾病。大家可能说这些病不是过敏引起的吗？是过敏引起的，但是有的人，在某一年龄段他不过敏，在另一年龄段他就过敏。有的人情绪一紧张焦虑，哮喘、过敏就发生；心情愉快放松，这些病就会好转。

第四类，神经性皮炎、斑秃、牛皮癣、湿疹和白癜风等病。这些都是皮肤病，很多皮肤病的加重和发展，和心理因素有密切的关系。

第五类，类风湿性关节炎、部分肿瘤和某些糖尿病。这些疾病的发病、加重发展都和心理因素有关。

医生在探索癌症病因的过程中，发现那些对自己的负面情绪习惯于克制、过分压抑、过分合作，使其不能合理疏泄的人，就容易患癌症。有趣的是，很早就有人发现了很多心理健康病号出现了癌症的自愈现象。医学专家认为，癌症之所以自愈，是因为病人体内的免疫功能大大增强所致。免疫力的增强可以阻止癌细胞的生长，并逐渐由正常细胞取代癌细胞，或者造成癌细胞无法适应的状态，抑制了癌细胞的生长。这说明心理因素与癌症的发病和自愈有着极为密切的关系。

因此，我们可以这样说："真正的高明的医生不在医院，而是你自己；真正的灵丹妙药不在药房，而在自己手中。"

（二）心理健康是领导干部修身、立业的基本要求。

心理健康了，心智才能正常，观察力才会准确、思维才会灵活。心智正常、观察力准确、思维灵活才能保证你能及时认识到事物发展的规律，并适时适地的调整自己的行为，始终保持行为的适度，从而情绪饱满，促进人与人之间的团结互助，为生产和工作提供直接动力。善于相人识人的曾国藩曾说，成大器者，必达到心身、心神、心行"三合一体"。

心理健康可以使人树立起明确而恰当的奋斗目标。恰当的目标不仅为人的活动指引航向，而且是激励人学习和工作的主要因素。目标恰当就是与自己的能力相适应，只要经过努力就能达到。心理健康可以使人凭借自己的知识、经验对自己学习工作的目的、意义、作用，对自己的能力水平和自己拥有的客观条件有正确的认识，从而从自己工作的实际出发，确定出一个实现起来不至于太困难但又必须经过一番努力才能实现的目标，在目标的激励下学习和工作，实现目标后获得成就感，并进一步激发学习和工作的兴趣。他既不把目标定的过高，以至于虽然光辉灿烂，但却海市蜃楼般可望而不可即，失去对人的激励作用；也不会把目标定得过低，以至于只需举手之劳便可实现，若探囊取物，因缺乏挑战性而使人怠惰。

心理健康还可以增强工作和学习的积极性。心理健康可以使人保持良好的情绪状态，以愉快的心情投入学习和工作，能使人干劲十足、充满活力。即使产生了不良情绪，也能及时消解，以较好的身心状态投入到工作、学习中，因而在工作学习中主动积极，事半功倍。

心理健康可以使人有克服困难和应对挫折的意志力，心理健康能让人很好的调节自己的行为，及时克服学习和工作中的各种困难，对挫折打击有较高的耐受力，百折不挠，克服困难，从而实现目标。

心理健康可促进人对环境的适应。心理健康，能使人保持积极的心态，从容应对职场的巨大责任，妥善处理其间复杂的矛盾与任务压力，表现出良好的环境适应性。

领导干部是从事社会管理的中坚力量，拥有一定的权力。这种特殊的角色，使得这个群体负载的领导责任、岗位责任以及由此延伸的职责要比普通人多，面临的考验也多，容易导致以上各种不健康的心理出现，这要求领导干部要有很强的心理系统来支持。如果没有强有力的心理支撑做基础，就容易导致领导干部身体或精神崩溃。

因此，从领导干部自身成长这个角度来讲，保持心理健康，是修身、立业的基本要求。

（三）领导干部心理健康为和谐社会的构建提供有力支撑。

我国正处于社会转型期。社会改革不断打破传统的社会心理定势，使社会心理时时处于流变之中。各种新思想、新观念、新风俗、新习惯层出不穷，让人眼花缭乱。人们普遍存在对传统的眷恋和对变革的向往。

世界卫生组织曾有一份报告，这份报告称："从疾病发展史来看，人类已经从'传染病时代''躯体疾病时代'进入 21 世纪的'精神病时代'。"当前人类所患有的疾病特别是威胁人类生存造成死亡的主要疾病已经由 20 世纪的传染性疾病逐渐转化为那些慢性的由心理社会因素引起来的疾病为主。心理疾病已成为 21 世纪人类健康的主要威胁之一。由此可见，心理疾病也成为构建和谐世界的一大威胁。构建和谐世界，同样也需要重视心理健康。

三、领导干部心理健康的标准

那么，对于领导干部来说，我们用什么标准来衡量自己是否心理健康呢？我们可以按照领导管理学的以下五条标准来进行：

（一）良好的社会交往能力。

社会交往能力就是平常我们所说的人际交往能力。

它的一个重要标志是朋友多。一个心理健康的人应该既能够和与自己意见一致的朋友处得好，也能够和与自己意见相左的朋友处得好。只要是有很多朋友，而且交往有质量，即有深交，这个人心理素质通常不错，心理也健康。

（二）良好的适应能力。

与自然、与社会接触不良是心理素质不好，甚至不健康的重要表现。一个属"陀螺"的，尖尖底，哪里也放不下他，其心理一定有问题。一个心理健康的人，无论多么有个性，有特点，都会较好地适应社会。

（三）良好的自我控制和调节能力。

领导干部如意不如意的事常常会碰到，善于控制和调节自己的情绪，使自己的心理保持平和、稳定状态，是自己决策正确的重要条件。

在这方面，三国时的司马懿在祈山之战中的表现给我们提供了有益的启示。

司马懿被我国著名的国学大师范文澜称为"曹操之后，魏国唯一的谋略家"。我觉得他成为谋略家的一个前提就是具有良好的自我控制和自我调节的能力。正是这种能力保证了他在关键时刻保持了清醒的头脑，取得了胜利。

公园 234 年，诸葛亮第六次出祈山，这时深感年老体迈，有点力不从心，所以有点求战心切。可是，司马懿从血的教训中认识到，跟诸葛亮作战，不能主动攻击、先发制人，以逸待劳、以守为攻才是上策。所以他总是按兵不动。他等得住，诸葛亮可等不住。诸葛亮想尽办法引他出兵。有一次，为了激起他出兵的冲动，专门派使臣郑重的给司马懿送去一件礼物。待司马懿打开漂亮的包装一看，原来装的是一套女人的衣服和首饰，诸葛亮是用这样的礼物来讽刺司马懿像小脚女人，胆小怕事，不敢出兵。这一手果然厉害，司马懿立刻怒火中烧，很想拍案而起。可是，他不愧是出色的谋略家、政治家。他瞬间控制并调节了自己的情绪，平静下来，还笑着说：孔明视我如妇人也，结果平静地接受了，并令人好好款待了诸葛亮打发来的使臣。司马懿是不仅笑嘻嘻地收下了诸葛亮的巾帼之饰，而且跟来使进行了详细的交谈，他没谈天文、没谈地理，而是谈诸葛亮的饮食起居，从谈话中得到一个信息，那就是诸葛亮夙兴夜寐，处理军务、政务，每天饭量很小。司马懿马上判断出诸葛亮身体不佳，他只要继续坚持，以逸待劳，不用费多少兵将就可取得胜利。果然不出他所料，诸葛亮不久真的病逝了。司马懿就这样以逸待劳，没有损兵折将就取得了胜利。司马懿激而不怒，表现出出色的自我控制、自我调节的能力。

作为领导者，如果不能及时有效的控制和调节自己的情绪，就容易让喜怒哀乐左右的自己的决断，极容易导致事业失败。司马懿意识到受到刺激要发怒时，以坐下来与使者闲谈的方式慢慢将自己的怒火转移、消融，显现出"猝然临之而不惊，无故加之而不怒"的控制和调节能力。

（四）对外界压力的耐受能力。

人对外界压力耐受能力的大小，受先天遗传素质的制约，更受后天世界观的影响，还受到意志、信念、经验等的作用，领导干部面临来自组织，家庭和社会各方面的压力，需要较好的抗压心理能力。

在这方面，三国名将陆逊给我们很大启发。公元 221 年，因为东吴夺荆州、杀关羽，刘备发动了著名的彝陵之战，举全国之兵讨伐东吴。在彝陵之战中，一向老谋深算的刘备被初出茅庐的陆逊打败。在这场战争中，双方力量对比悬殊，刘备兵力 25 万，陆逊兵力 5 万。双方在猇亭这个地方相持不下。刘备求战不能，后退不忍，就派数千人把营寨扎在前沿平地上，想借此挑起蜀兵的情绪。吴国的许多将领就找到陆逊主张出战，可是陆逊说："此必有诡，且观之。"一个"观"字，把众人的意见给否了。可是，陆逊的下属有的是跟孙策创业时德高望重的老将，有的是吴国大宗室贵戚，他们对陆逊的做法很不满，于是在不同的场合阐述他们出战的愿望，并不断私下里讽刺陆逊乳臭未干、胆小怕事。可以说，敌人的辱骂、内部的讽刺，让陆逊面临很大的压力。但是，他把个人荣辱置之度外，仍保持着克制。可是，他手下部将给他的压力越来越大，甚至在公开的议事场合批评讽刺他的决定。这时，他觉得再用等等看的托词是不能平息众怒了。于是，突然变脸，拿出尚方宝剑说："刘备天下知名，曹操所惮。今在境界，此强对也。诸君并荷皇恩，当相辑睦，共翦此虏，上报所受，而不相顺，此所谓也。仆随书生，受命主上。国家所以屈诸君使相承望者，以仆有尺寸可称，能忍辱负重故也。各有其事，岂复得辞！军令有常，不可犯矣。"这一通大道理，硬中有软，软中带硬，句句敲打在诸将心上，把他们的娇气、矜气、怨气、狠气都压了下去。就这样，任凭蜀兵挑战辱骂，吴兵就是坚守不出，让刘备无计可施，越来越心烦意乱，以前那种长驱直入的喜悦荡然无存。跟他征战的将士们整天在烈日下煎熬，也产生了埋怨情绪，纷纷提出到依山傍水的树林中扎营，刘备只考虑了照顾情绪，忘记了这是兵家之大忌，做出了沿江扎营以避暑的错误决定。陆逊等待多日、求之不得的局面终于出现，他立即将压在吴军上下的强大愤懑变成克敌制胜的巨大动力，抓住战机，一把大火将刘备烧了个一塌糊涂。取得了彝陵之战的巨大胜利，烧的刘备从此再也没有恢复以前的军力水平。

正是陆逊具有良好的抗压能力，所以才能用心专一、思虑缜密，力排众议，很好地坚持了正确的战略方针，取得了战争的胜利。

（五）良好的心理修复能力。

在人生道路上，尤其是从政的道路上难免不会遭受或大或小的挫折。这种创伤不同于一般刺激，它持续时间长、给人的心理伤害重，需要做好自己的"心理保姆"，甚至请专门的心理医生来引导。作为领导干部，良好的心理自我修复能力也是自身心理健康的一个重要因素。

四、保持心理健康的途径

对于形形色色的工作、生活事件，我们如何恰当的应对、以保持我们的心理健康呢？

（一）树立科学信仰。

信仰不仅是党和国家、社会主义事业的需要，而且是人内心的一种需要。

在实际生活中，越是具体的表面的需要，人们对他的感觉越明显、越强烈。比如，饿的要吃饭，渴了要喝水，累了要休息、工作要有成就感、交往要有被尊重感、交通要有安全感等。但是，那些根本性的深层次需要，人们反而不容易意识到，信仰需要就是这样。信仰能给人一种根本上安全感和归属感，能使人安心立命。张学良将军一生坎坷，他晚年回顾人生的时候说："一个人应该有所信仰，不能活得飘飘荡荡。"从某种程度来说，信仰是人在变幻莫测的世界上努力寻找安全感、归属感。因为，宇宙是宏大的，世界是变动的，人生是复杂的，个人是渺小的。以个人直接面对复杂的社会生活，承担变幻莫测的人生际遇，就格外渴望安全感、归属感。过去，人们是从属于单位、从属于集体，人们会感觉自己的自由被压制，但是它也给人提供安全感、归属感，让人的心踏实。现在个人自由度大了，相应的个人承担的不确定性也增大了。

信仰为人的精神和心灵找到了存在的依据。我们学哲学时都知道，物质和精神是世界上两大类现象。物质是第一性的，精神是第二性的。这是什么意思呢？物质是本体，不用问它存在的理由和依据是什么，因为它本身就是存在。但人的精神不是本体，它本身有一个为什么存在、存在的意义是什么的问题。如果找到这个依据，它就立得住，就能形成强大的心理能量、精神力量。

信仰作为一种涉及人的深层精神世界的现象，它自身的状态是不易把握的。

有的人因不能科学地理解和把握信仰而走火入魔，使信仰蜕变成为某种怪异、偏狭、极端的东西。这样的信仰无益个人、有害社会，现代世界上形形色色的邪教现象说明了这一点。有的信仰只是对小团体尽忠，并成为这个小圈中的人们的感情纽带，因缺乏济世情怀而缺乏应有的境界和崇高性。有的信仰超越物质实体，表现出一定高度的道德要求和境界，但其崇高性往往又是以虚幻为代价的。宗教信仰就是如此。马克思主义信仰既不追求世外桃源和太虚幻境，也不诉诸狂热、迷醉等非理性手段来追求理想目标，是健康的信仰、健全的信仰、科学的信仰，是我们应当树立的信仰。

（二）建立正确的认知体系。

认知评估是生活事件和心理健康状态之间的中介，扮演着相当重要的角色。当生活事件发生时，它会评估这个事件的威胁性多大，该如何解决，自己有无能力和资源加以解决。如果认知评估的结果是正向的积极的，认为生活事件对自己有好处，或在自己的掌控范围之内，其心理上就是健康的；反之，如果认知评估的结果是负向的消极的，认为生活事件对自己构成威胁，超出自己的掌控范围，便会造成心理上的紧张，出现心理上的不健康。有趣的是，人们对同样的生活事件常有不同的甚至截然相反的认知评估，这是因为认知评估是主观的，人们因主观经验、世界观和价值观不同，对同样的生活事件往往出现不同的反应。正因为如此，美国心理学家埃利斯强调用认知变化来解决心理问题的理论得到人们的认可。目前，心理学家普遍认为认知评价在心身疾病发病中有"扳机"般的效应；积极的评价则可使生活事件成为激励人奋发向上的动力。消极的评价则容易导致心理疾病的产生。关于这个体系的建立我想谈两点：一是正确认知自我。二是正确认知心理疾病。

一是要正确认知自我。美国19世纪著名的牧师亨利·沃德·比彻尔说："一个人需要思考的，不是自己应该得到什么，而是自己是什么。"自我认知能力，是领导干部了解自身长短、判断工作得失、掌控工作局面的基础和前提，它对事业的发展能起到事半功倍的作用。

但是，认知自我是一件难事。因为"自我"本身处在不断变化之中，比如，你今天看了一本行政管理的书，很受启发，那么看完之后和看之前就不一样了。

特别是遇到人生重大事件时，都会让你发生很大变化。

要准确地认知自我，除了要有辩证思维，对自己进行辩证认识之外，我们还可以借助一些专业的心理测试题来进行心理测试，用心理学的专业知识对自己进行正确认识。只有在正确认知自我的前提下，才能把握好自我，既能对自己进行准确的自我定位、正确的自我选择，又能进行积极的自我改造，达到自我实现。

二是正确认知心理疾病

第一，要树立患有心理失调或心理疾病并非可耻的观念。

作为新时代的领导干部，我们首先应当树立这样的观念，那就是就像人吃五谷杂粮谁都得病一样，自己随时都可能有心理病患。树立有病正常，看病应当的观念。

进入 21 世纪以来，我们国家大力发展本土化心理咨询业，逐渐建立起了适合中国国情的心理咨询和治疗队伍，建立起心理健康体系。

第二，心理失调、心理疾病可以预防、可以治疗。

心理疾病只是心理感冒，它既可预防，又可治愈。

要相信心理疾病是可以预防的。它主要是由于在生活当中，一些不良的适应成了习惯所造成的，而先天遗传的心理疾病则非常少。因此，当我们掌握了足够的有关心理健康的基础知识和方法后，完全可以预防心理疾病的发生，增进心理健康。

要相信心理疾病是可以治好的，不必害怕和恐惧。尽管造成心理疾病的原因比较复杂，疗程比较长，效果比较缓慢，但治疗心理通常不容易危害人们的生命，而且大部分都可以不用吃药、不用打针就能治好。得了心理疾病，只要善于了解自己，增强治愈的信心，懂得一些有关心理健康的基本知识，掌握和运用一些有效的心理治疗方法和技术，那么迟早会治好的。

（三）加强道德修养，为心理健康提供强有力的道德支撑。

道德的根本范畴"善"，首先关照的是个人良心的安宁，只有良心的安宁，才可以有健康的心理。依据"善"的原则而产生的很多规范，有相当一部分是养生之道，另一部分是修性之道，都没有离开对个体健康的关注。孔子说："大德必得其寿。"孙思邈说过:"性既自善,内外百病皆不悉生,祸乱灾害亦无由作,此养生之大经也。"

与人相处善良正直、心地坦荡,遇事出于公心,这样便无烦忧,心理平衡,让你保持良好的心态。良好的心理状态,能促进人体内分泌更多有益的激素、酶类和乙酰胆碱等,这些物质能把血液的流量、神经细胞的兴奋度调节到最佳状态,从而增强人体免疫能力,增加机体的抗病力,促进健康长寿。

(四)建立多渠道的情绪调节机制

即使不良的社会刺激引起了消极的情绪体验,也不一定会影响身体健康,因为愤怒、焦虑、悲伤等消极情绪本身是人类适应环境的正常心理反应。若没有这类情绪反应,就无法适应千变万化的环境。特别是当这些情绪波动是短暂的、轻度的,人体完全可以通过情绪调节系统使情绪活动恢复正常。但在负性认知评价作用下,情绪保护屏障遭到破坏时,会出现焦虑、抑郁、否认、猜疑等负性情绪反应,达到一定程度时将导致躯体病理活动的变化。

影响情绪反应程度的因素有性格特征、社会支持、社会经验、价值观以及躯体健康状况等。

关于这个机制的建立我想可以从以下几个方面入手:

一是智能调节。就是要求自己理智地考虑消极情绪带来的不良后果,当强烈爆发出消极的情绪时,能够理智的审察、控制一切,根据理智的判断去行动,尽可能减少消极情绪波动的影响。这就要求我们平时培养自己的思维能力和意志力,能够很好调节和控制自己的情绪和行为。我们可从以下几个方面入手:

首先,改变不了事情就改变对事情的态度。辩证唯物主义原理告诉我们:外因是变化的条件,内因是变化的根据,外因通过内因起作用。所以说,只有心灵的改善才是心灵快乐幸福的源泉。改变对事情的态度是改善心灵的关键。

美国前总统西奥多·罗斯福有一次被偷去许多东西。他的朋友写信安慰他,他给朋友回信说:"谢谢你来信安慰我,我现在很平安。感谢上帝,因为:第一,贼偷去的是我的东西,而没有伤害我的生命。第二,贼偷去我部分东西,而不是全部。第三,最值得庆幸的是:做贼的是他,而不是我。"

其次,学会选择,懂得放弃。

有首打油诗也告诉我们学会选择、适当放弃，在此送给大家："何必非争一堵墙，让它一分又何妨。万里长城今仍在，不见当年秦始皇。"有目的、有选择的放弃是一种智慧、是一种远见，是成功者的必备心智。我们须问问自己：为达到目标，我必须放弃那些事情？停止那些事情？当你能够以这样的思考模式来转换你的思想，改善你的行动方案时，你就会变成一个非常积极、非常有行动力的人，才会成功。

二是转移调节。就是根据自我要求，有意识地把自己已有的情绪转移到另一个方向上，使情绪得以缓和。因为再发生强烈情绪反应时，头脑中往往有一个较强的兴奋灶，此时如果另外建立一个或几个新的兴奋灶，便可以抵消或冲淡原来的优势兴奋灶。因此，当情绪激动起来，为了使它不至于立即爆发，使自己有冷静地分析和考虑问题的足够时间和机会，可以有意识地通过转移话题或者别的事情的方法来分散注意力。看电影、听音乐、下棋、郊游等使自己精神上自我安慰，这些都可以使自己重新振作起来。

三是激励调节。遇到困难时，采取自取自我激励的方法，给自己积极的心理暗示，来激励自己的良好情绪，充分挖掘自己的潜能，充分发挥自己的创造力，实现自我价值。

四是宣泄调节。既然生活不可能是一泓永远宁静的湖水，那么，当翻涌混浊的波澜时，需要的则是正确的宣泄。

首先是倾诉。人们在生活中遭遇负面事件时，如果自己难以排解抑郁情绪，应该及时向亲戚朋友倾诉，以获得宣泄，并获得解决问题和排解负面情绪的方法。有支持系统的帮助化解，可使负面事件造成的抑郁情绪不至于持久地存在，不至于形成疾病。

有一首著名的唐诗来解说，这就是李涉的《登山》"终日昏昏醉梦间，忽闻春尽强登山。因过竹院逢僧话，又得浮生半日闲。"诗中，"终日昏昏醉梦间，忽闻春尽强登山"，说的是作者整天都情绪低落、昏昏沉沉，处于半醉半梦之中；忽然听说春天即将要过去了，才勉强打起精神去登山。这两句诗所描述的，正是典型的抑郁情绪。幸而，诗人在路过竹林掩映的寺院时，与寺中的僧人进行了一席交谈，使自己在纷繁的尘世中体验到了清静与悠闲。与僧人的交谈，使作者获得了虽然短暂但又难能可贵的心理解脱。从心理学的角度看，"因过竹院逢僧话，又得浮生半日闲"，说的恰是支持系统的作用。在这里，僧人就起了诗人的支持系统的作用。

　　其次可以高歌、怒吼，泄尽心头烦恼。

　　再次就是找心理医生，到宣泄室得到专门的宣泄。

后记：点燃激情，播撒希望

时光如箭，屈指算来，我到县委党校工作已进入第十七个年头。这十七年是我对党的干部教育事业由知之甚少到熟稔于心再到无限热爱的十七年，是我把平凡职业作为不平凡事业来追求的十七年，更是我紧跟党的脚步，坚定马克思主义信仰，让激情在党校教育事业中熊熊燃烧的十七年！

激情来源于新鲜感

记得刚进党校的那年，全新的工作环境、全新的教育内容、全新的教育对象，让我对党校干部教育工作充满了新鲜感和好奇心，产生了强烈的探究欲望，随即被党校干部教育的深邃、厚重、大气而吸引，工作激情也在不知不觉间被点燃。买书、借书、看书，分析书，琢磨书……我贪婪地用各种方式吸吮着党的理论的营养。就这样，带着新鲜感慢慢转身，开始在党校讲台上缓缓扎根。

激情来源于责任感

一年中，校领导们经常谆谆"劝学"，还经常以"督教"方式来"督学"。我意识到，在党校搞好教学，仅凭新鲜感带来的激情还过于简单。课堂教学的各种规矩，让我意识到一个县级党校教师尽管无权也无位，但发出的却是党的声音，甚至代表党的形象。沉甸甸的责任感陡然而生。我开始以一颗教育工匠的心，打磨每一堂课，力求让基层党员干部有收获。为此，不知耗尽了多少不眠之夜的灯光，耗走了多少午间时光的思索。在实践中，我被党充满智慧的理论所折服，深深感受到有机会站到党校讲台上，我是多么的幸运！

激情来源于事业感

平心而论，在县级党校，工作杂，人手少，许多任务具有应急性，每个人需要做"万金油"，教学、科研、行政后勤，样样都要拿得起，放得下。达到这点要求，并非易事。但是，静心沉思，又不断体会到，凭着"万金油"的本领，够工作之用，又不够工作之用。因为体现一个党校办学水平、体现一个党校教师的教学水平，不仅要求党校教师成为"杂家"，更要成为某方面的"专家"。是安于现状、得过且过，还是不断追求、挑战自我？这个问题成为我必须认真解答的人生课题。今天这本文集，就是我的回答。它记录了我挑战自我的行动和专业成长的脚印，是我各种学习成果在教学、调研中的应用。它着眼党和国家事业全局对干部成长的需要，在选题上力争"高端大气上档次"，却又着眼县乡基层干部思想及工作需要，在选材上力争"低调平实有内涵"。

激情来源于认同感

每年教师节，有不少学生饱含感情地送来祝福，让我一次次体会教师职业的神圣感。平常日子里，不少亲友喜欢找我倾诉衷肠，探索增加思想的力量，让我感受到强烈的价值感。求学时候，"远近专业各不同"的师长们，给予了严格而饱含期待的指导，让我更加坚定地追求自我突破，看到了更多美好的风景。这来自各方的真挚关爱、深刻认同，不断给我增加正能量，让我信心满满地去追求人生佳境。在文集的策划出版过程中，张军霞、王艳坤、程双华等朋友充满期待、鼓励多多；高蕾这个"忘年交"，不遗余力、多方支持；崔付建经理无私帮助、精心策划；宋丽丽、商昌杰、王千等亲人认真校稿、倾心帮助；秦国娟编辑审稿校稿、深入指导；岳金辉这个良师益"夫"，无条件支持、关怀备至。文集的出版是梳理整合已有成果、深化总结经验的过程，更是享受真情润泽、汲取前进动力的过程，还是我重新定位自我、开启新探索的过程。有亲情友情相伴，走出舒适圈，让自己生活在希望里，实乃人生之大幸福！

比尔·盖茨有句名言："每天早晨醒来，一想到所从事的工作和所开发的技术将会给人类生活带来的巨大影响和变化，我就会无比兴奋和激动"。作为一名党校教师，一想到所从事的事业是高举党的旗帜，点亮党员干部思想的航标灯，我又何尝不无比兴奋和激动呢！党的干部教育事业，就是党校教师的希望，我有什么理由不让自己的激情在党校讲台上熊熊燃烧呢！